CARTAS ENTRE AMIGOS

Fábio de Melo e Gabriel Chalita

Cartas entre amigos

Sobre ganhar e perder

EDITORA GLOBO

Texto fixado conforme as regras do novo Acordo Ortográfico da Língua Portuguesa (Decreto Legislativo nº 54, de 1995).

Revisão: Otacílio Nunes, Carmen T. S. Costa e Carmen Valle
Capa: Paula Astiz
Foto de Gabriel Chalita: Maria do Carmo Bérgamo
Foto de Fábio de Melo: Juliana Andrade

1ª edição, 2010

DADOS INTERNACIONAIS DE CATALOGAÇÃO NA PUBLICAÇÃO (CIP)
(CÂMARA BRASILEIRA DO LIVRO, SP, BRASIL)

Melo, Fábio de
Cartas entre amigos: sobre ganhar e perder / Fábio de Melo e Gabriel Chalita. – São Paulo: Globo, 2010.

ISBN 978-85-250-4840-0

1. Cartas brasileiras I. Chalita, Gabriel. II. Título.

10-02636 CDD-869.96

Índice para catálogo sistemático:
1. Cartas: Literatura brasileira 869.96

Direitos de edição adquiridos por Editora Globo S.A.
Av. Jaguaré, 1485 — 05346-902 — São Paulo — SP
www.globolivros.com.br

Para Zilda Arns,
amiga da humanidade.

Carta a meus filhos sobre os fuzilamentos de Goya

[...]
Acreditai que nenhum mundo, que nada nem ninguém
vale mais que uma vida ou a alegria de tê-la.
É isto o que mais importa – essa alegria.
Acreditai que a dignidade em que hão de falar-vos tanto
não é senão essa alegria que vem
de estar-se vivo e sabendo que nenhuma vez
alguém está menos vivo ou sofre ou morre
para que um só de vós resista um pouco mais
à morte que é de todos e virá.
Que tudo isto sabereis serenamente,
sem culpas a ninguém, sem terror, sem ambição,
e sobretudo sem desapego ou indiferença,
ardentemente espero. Tanto sangue,
tanta dor, tanta angústia, um dia
– mesmo que o tédio de um mundo feliz vos persiga –
não hão de ser em vão. Confesso que
muitas vezes, pensando no horror de tantos séculos
de opressão e crueldade, hesito por momentos
e uma amargura me submerge inconsolável.

Serão ou não em vão? Mas, mesmo que o não sejam,
quem ressuscita esses milhões, quem restitui
não só a vida, mas tudo o que lhes foi tirado?
Nenhum Juízo Final, meus filhos, pode dar-lhes
aquele instante que não viveram, aquele objeto
que não fruíram, aquele gesto
de amor, que fariam "amanhã".
E, por isso, o mesmo mundo que criemos
nos cumpre tê-lo com cuidado, como coisa
que não é só nossa, que nos é cedida
para a guardarmos respeitosamente
em memória do sangue que nos corre nas veias,
da nossa carne que foi outra, do amor que
outros não amaram porque lho roubaram.

Jorge de Sena
Lisboa, 25 de junho de 1959

Sumário

Primeira carta

Querido irmão padre Fábio,

Depois de alguma pausa, voltemos à nossa prosa.

No fluxo de nossa vivência, vamos aquinhoando experiências. Nossos olhares são capazes de reter considerações que vão moldando o que somos. A imagem surge como os sentidos captando impressões. Depois dela, vem o conceito. O conceito é o que permanece quando a imagem se esvai. É como o conhecimento que fica com o avançar da aprendizagem. Lançamos mão de excessos para que a viagem fique mais leve ou para que o compartimento dos nossos sentidos receba outros companheiros. O bom conceito é aquele que traz a companhia da bondade, da gentileza, do respeito, entre outros avidamente esperados.

Esperamos como necessidade vital. Esperamos o amanhecer. Esperamos o entardecer. Esperamos a demorada cicatrização da incômoda ferida. Esperamos um amor. Esperamos compreensão. Compreensão apenas, amigo. Guimarães Rosa dizia que "esperar é reconhecer-se incompleto". É na consciência de nossa incompletude que a espera ganha mais significado. O futuro existe.

Esperamos uma humanidade mais evoluída em que os direitos mínimos dos humanos sejam respeitados. Uma humanidade fraterna.

Quantos crimes bárbaros assombram nossos irmãos!

Sabe, amigo, certa feita, em um congresso de direitos humanos, presenciei uma jurista indignada com os horrores praticados na Tanzânia contra os albinos. Descrevia com tamanha dor o que passam nossos irmãos e tentava nos acordar do sono do comodismo. Sim, porque parece que a dor alheia não nos pertence e que, portanto, não cabe a nós o exercício do agir. Aliás, não precisamos ir até a África para perceber a nossa pouca ação. Basta olhar ao lado.

O albinismo é um tipo de deficiência na produção de melanina. Os albinos têm a pele pálida, esbranquiçada, têm o cabelo fino e uma sensibilidade maior nos olhos, que sofrem quando estão expostos à luz. Ocorre que há uma superstição medonha que afirma que eles servem para rituais de mandingas. Isso não acontece apenas na Tanzânia, mas em outros países da África. Esses feiticeiros chegam a pagar uma verdadeira fortuna, em se considerando a pobreza desses países, por um pedaço do corpo de um albino. Se for de criança, o valor é maior. Vendem línguas, braços, genitálias, pernas etc. Dá sorte beber o sangue de um albino ainda quente, é o que acreditam. Fico imaginando o pavor dos pais quando os filhos demoram a voltar. A ansiedade em proteger a prole. Fico imaginando a prática macabra. São humanos caçados como animais.

Não estamos falando de uma outra era nem de ficção. Enquanto rabisco essas palavras, há pânico em algum lugar do mundo na luta pela sobrevivência. Sentem-se vencedores esses caçadores de gente, como se sentem vencedores os homens com as pedras nas mãos para dar cabo da vida de mulheres condenadas em países cuja legislação afirma ser o direito à honra superior ao direito à vida. Mulheres abusadas por uma sociedade machista cheia de preconceitos, embrutecida pela impiedade. A cena de uma mulher enterrada até a cintura sempre me causou angústia. Fica assim, com as mãos amarradas, para não proteger o rosto das pedras jogadas sem comiseração. Em algumas comunidades, o início do apedrejamento se dá com pedras menores para que a dor seja prolongada. Uma pedra maior poderia ser fatal e o divertimento teria menor duração. As pessoas vão aos montes para assistir e participar. É como uma festa, uma diversão qualquer. Assim faziam aqueles que saíam às ruas para ver as pessoas sendo guilhotinadas ou queimadas ou enforcadas. Essas penas corporais, capitais, perduraram durante muito tempo. Como também as arenas em que eram jogados os cristãos para serem mortos pelos leões. E o público assistia e ria do pavor com que corriam de um lado a outro até serem devorados. Que prazer estranho é esse? Que deturpação do conceito de conviver? E a compaixão? Os gladiadores não fazem parte do passado. O "vale-tudo" arrasta multidão para torcer pelo mais forte. Quanto ao mais fraco, merece risos, vaias, desprezo. É apenas um perdedor. A sua dor parece incomodar menos do que a sua fragilidade; afinal, o espetáculo terminou mais cedo. Há ainda os jovens em bando que, desafiados, são capazes de espancar até a morte quem cruza o seu caminho. Ou queimam moradores de rua para amainar o tédio. Ou buscam um diferente qualquer para humilhar, destruir, matar. Meu Deus, mas não pertencemos à mesma humanidade? Quando um membro sofre, não é o corpo todo que sofre?

Amigo, desculpe-me começar com essas cinzentas paisagens esta nossa nova prosa. Mas a verdade é que me sinto hipócrita em conviver com uma sociedade que tolera essas práticas como se fizessem parte da cultura ou da vida. A cultura não pode destruir a vida, ao contrário, tem de preservá-la. Evidentemente, crueldades acontecem todos os dias nas esquinas do nosso país. Há crianças sendo violentadas por quem deveria protegê-las. Há mulheres sendo espancadas pelos maridos, há crimes brutais, há miséria. Mas me parece que pelo menos nossas leis são um pouco mais respeitosas com os direitos humanos. Embora, na prática, a realidade seja outra. Veja, por exemplo, a vida nas penitenciárias e nos espaços de privação de liberdade para adolescentes. Leis corretas, práticas medonhas. Além do mais, a nossa acomodação faz com que cruzemos os braços diante do anseio de um recomeço que têm os egressos do sistema penitenciário, por exemplo. Temos o bom discurso da segunda chance. Mas, na prática, nos escondemos. São perdedores, padre. São perdedores esses que caíram nas malhas da criminalidade. E nós, os vitoriosos, não devemos nos macular com eles. Que pena!

Gostaria tanto de mudar essa realidade. Sei que é difícil. Algumas questões envolvem uma mudança de postura mundial. A paz ainda é uma utopia. Cuidar da pessoa humana toda e de todas as pessoas humanas é o sonho do papa Bento XVI, em sua Encíclica mais recente. A globalização da economia e das informações não significou a universalização da fraternidade. Estamos engatinhando ainda em matéria de respeito. Fazemos pouco ou praticamente nada contra o recrudescimento da violência. E não precisamos ir longe. A dor mora bem ao lado, como dissemos.

Uma vez, em um metrô lotado de pessoas apressadas, vi uma menina com uma boneca na mão, cabelos cacheados e um olhar triste, de mãos dadas com um pai cuja rudeza no olhar não escondia a pouca paciência com os passos lentos da filha. Puxava-a como se fosse um objeto enroscado. Sua pressa contrastava com a fragilidade da pequena. Olhou-me em algum momento. Ensaiei alguma conversa. O metrô parou. O pai a puxou e desceram. Fiquei por algum tempo imaginando a história familiar dos dois. A menina parecia triste. Podia ser apenas uma impressão minha. Mas ela passava-me tristeza, e ele, rudeza. Não tinha o poder de intervir. Ali não havia crime algum a não ser a criminosa falta de cuidado, de afeto. Fiquei conjecturando sobre a casa em que moravam, se tinha mãe a menina. Se tinha irmãos. Se o pai era agressivo. E, se fosse, como eu haveria de saber? Tenho essa mania, amigo, de tentar imaginar *a vida dos outros*. Aliás, esse é o nome de um filme alemão de 2006, ganhador do Oscar de melhor filme estrangeiro, que conta a história de um alto funcionário da Alemanha Oriental, incumbido de vigiar um dos maiores dramaturgos do país. Aos poucos, envolvido na trama de emoções que ele e sua mulher viviam, o antes impiedoso funcionário, acostumado a torturar para obter uma prova, se transforma. Um homem que não chorava passa a chorar; que não sorria passa a sorrir. A imagem foi moldando um novo conceito em sua história. Bastou o contato com o amor cotidiano para a metamorfose.

Querido padre Fábio, há um desafio diuturno de não desistir da pessoa humana. Por mais dolorosas que sejam as nossas experiências. É preciso não desistir. Norberto Bobbio em *A era dos direitos* afirma que "o problema fundamental em relação aos direitos do homem, hoje, não é tanto o de justificá-los, mas o de protegê-los".

Descreve, na mesma obra, convenções e tratados internacionais que tratam dos direitos da pessoa humana genericamente ou especificando as vítimas de preconceito como as mulheres, os negros, os pobres, entre outros. Direitos do homem, democracia e paz são processos que não podem ser encerrados.

Vamos um pouco além. Por que ainda não aprendemos a conviver com as diferenças? Medo? Ausência de amor?

Falemos de amor na poesia leve de "Um soneto", de Guilherme de Almeida:

Ama, quieto e em silêncio. É tão medroso
o amor, que um gesto o esfria e a voz o gela.

Não. O amor não é medroso. O poeta brinca apenas com a vulnerabilidade dos sentidos ao emprestar "O eco" à vida:

Perguntei à minha vida:
– "Como achar a apetecida
felicidade absoluta?"
E um eco me disse:
– "Luta!"
Lutei. – "Como hei de a esta pena
dar a cadência serena

que suaviza, embala e encanta?”
O eco, então, me disse:
– “Canta!”
Cantei. – “Mas, como, num verso,
resumir todo o universo
que em mim vibra, esplende e clama?”
então, o eco me disse:
– “Ama!”
Amei. – “Como achar agora
a alma simples que eu pus fora
pelo prazer de buscá-la?”
O eco, então, me disse:
– “Cala!”
Calei-me. E ele, então, calou-se.
Nunca a vida foi tão doce...
Tudo é mais lindo a meu lado:
Mais lindo, porque calado.

Lutar, cantar, amar e calar... assim queria o poeta. Lutar para que os desvarios mundanos não roubem nossa sensibilidade. Cantar a canção da dor e a canção do amor. Cantar pelos que, empedernidos, já não conhecem os acordes. Cantar por aqueles que impedem a canção alheia. Cantar o silêncio dos que não têm voz ou vez. Amar como ação necessária de encontros e paisagens. Contemplamos o mundo para conhecê-lo e transformá-lo. E calar? Mas como calar diante das feridas abertas da injustiça e da destruição do nosso irmão? Calar para, como Maria, a mãe da esperança, escutar a boa-nova, a missão e então agir.

Irmão querido, não é possível agir sem antes sentir. Aqui falo da vitória do sentimento sobre a insensibilidade. Da canção de liberdade que carece de intérpretes.

Ainda criança, em uma excursão para um parque de diversões, experimentei a dor preenchendo o meu tal fluxo de vivências. A história se deu mais ou menos assim. Éramos um ônibus de crianças conduzidas por dois ou três professores. Chegamos ao parque. Os brinquedos nos deixavam alucinados. Era emocionante para nós, meninos interioranos, explorar o grande parque de diversões da capital. A adrenalina misturava-se à alegria e à molecagem. Assim, furávamos fila. Discretamente. Tínhamos a desculpa da pouca idade. E tudo era festa. Até que, quase no horário do retorno, furamos mais uma vez a fila de um brinquedo chamado Montanha Encantada. Eu e mais uns quatro. Quietinhos, entramos; e quietinhos, ficamos. Uma mulher, entretanto, não se conformou com nossa audácia e começou a dizer as piores ofensas. Ela tinha razão, então nos fizemos de distraídos. Foi quando um homem resolveu nos defender. Alegou que éramos crianças nos divertindo. A mulher ficou ainda mais irritada dizendo que exatamente por sermos crianças é que deveríamos ser corrigidos. Ele tentou dizer alguma coisa e ela soltou um sonoro "cala a boca". Ele retrucou e ela avançou sobre o homem. Deu um tapa em sua cara. Ele retribuiu. E nisso chegou o marido dela. E uma confusão tomou conta daquela fila. Vieram os seguranças e nós saímos correndo em direção ao ônibus. Chegamos ofegantes. Cheguei entristecido. Eu sabia que não devia furar fila. E o que mais doía é que o homem que tinha me defendido estava agora em uma situação ruim. Contei a história meio choramingando a um dos professores e ele, vendo meu pânico, a piorou. "Parece que mataram o homem." Meu Deus, como sofri naquela viagem. Tinha vergonha de chorar. Escondi-me de mim mesmo aos oito ou nove anos de idade. Cheguei em casa angustiado. Quando vi meu pai, abracei-o e chorei muito antes de conseguir contar a história. Meu pai primeiro me abraçou em silêncio, depois encontrou uma saída para aliviar a minha preocupação. "Filho, vamos ver a notícia na televisão. Se o homem morreu, eles mostram. Se não mostrarem, é porque nem machucado ele ficou." Eu acreditei. E fiquei de mãos dadas com ele até a última notícia.

Ah, pai amado, quanta sabedoria na sua simplicidade! Padre, como é importante termos espaços para narrarmos as nossas perdas em casa. Pais que nos escutem primeiro para depois apontar outros horizontes. Meu pai era assim, resolvia comigo as minhas dores. Era preciso sentar ao lado dele para que pudéssemos descobrir juntos o desfecho. Ele não ridicularizava a minha dor. Era uma brincadeira do professor, apenas. Mas não importava. Se eu estava sofrendo, era preciso respeitar. E, depois do alívio, o ensinamento. "Filho, nessas horas a gente aprende que é bobagem fazer a coisa errada." E mais nada. Um sorriso. Um beijo de boa noite. E mais nada. E do que mais eu precisava naquela noite intranquila? Da segurança de suas mãos grandes. Meu pai tinha mãos grandes e nós brincávamos de ver quanto faltava para que minhas mãos superassem as suas. Um dia, as minhas mãos ficaram maiores. No começo, eu as encolhia um pouco para que as suas mãos continuassem sendo as vitoriosas.

Amigo, no dia em que ele morreu, brincamos um pouco antes, no hospital, de ver quem tinha a maior mão. Novamente, encolhi um pouco a minha para que ele ganhasse. Do alto dos seus 84 anos, ele me disse: "Filho querido, eu sei que a sua mão é muito maior do que a minha, mas isso não é um problema para mim, ao contrário".

Essa não era a admissão de uma derrota. Era a sua vitória. Meu pai queria que eu crescesse e não competia comigo. Minha vitória era a sua vitória. Minhas inquietações eram acalentadas em sua paciência. "Paciência, filho", era quase que uma jaculatória. Quando alguma coisa não saía do jeito que eu queria, "paciência, filho"; quando a doença chegava e alguns planos tinham de ser desfeitos, "paciência, filho". Até nas derrotas bobas do meu time de futebol. Eu chegava em casa cheio de desculpas por ter perdido, e ele ouvia, e depois lançava, "paciência, filho". É, pai, como esta virtude faz falta: paciência.

Paciência não como acomodação. Voltemos ao poeta. Calar é contemplar o que precisa ser mudado para depois lutar, combatendo o bom combate, e depois cantar uma canção nova e aí, então, amar. E calar novamente. Sim, amigo, é no silêncio dos nossos porões que habitam muitas razões.

Volto às imagens e aos conceitos. Ganhar ou perder são imagens que temos de momentos que vivemos e de pessoas com as quais nos surpreendemos. Não sei, amigo, se você tem medo das perdas ou das pedras que surgem por aí. Ou se a paciência já é convidada do seu alimento diário. Persigo a paciência como persigo a inquietação. Não quero deixar as coisas como estão. Quero mudar o mundo, sim, e para isso preciso também da paciência. E da cumplicidade. Sozinho, sou incapaz de prosseguir, até porque os medos contemporâneos não me abandonaram. Sozinho, sou capaz de desistir. Nessa tessitura social, é necessário o encontro de ideias e ideais. E assim ouço você. Sua canção de liberdade, sua sensibilidade diante da dor alheia. Eu não quero conviver passivamente com a crueldade. Quero a coragem de Ester, que se aproxima do rei Assuero decidida a salvar o seu povo. O medo não foi mais forte do que a decisão. E ela venceu. Não venceu apenas porque ele estendeu o cetro e poupou-lhe a vida. Venceu porque protegeu a vida dos seus irmãos. Venceu porque entrou para a história como alguém que se importou com os outros. Essa é a grande vitória. E ela não será alcançada se passarmos os dias diante do espelho e, diante do espelho, reparando nas mudanças que o tempo é capaz de fazer sem pedir a nossa autorização. A alma enrugada é que é o problema. Envelhecemos prematuramente pela ausência de um tema. Um tema que nos conduza a viver. E aí sim vem a derrota. As outras são contingências. Fazem parte da margem, apenas.

Padre Fábio, termino estes rabiscos ansioso por notícias suas. Notícias do seu olhar para a humanidade. Sei que, como sacerdote e como poeta, também sofre com a dor alheia. Ouço suas pregações emocionadas quando o assunto é o calvário da humanidade. O calvário dos crimes que vemos por aí e o calvário da mulher traída, humilhada, que soluça silente a sua dor.

Suas composições nascem de sua compaixão. E seu repertório empresta um tema àqueles que por razões menores desistiram de viver. Tudo, menos isso. Desistir de viver, não! A terra precisa de semeadores, embora a rede seja aparentemente mais agradável. Na rede, o descanso merecido. Passar a vida na rede enjoa. O balanço agrada um tempo. Muito tempo deprime. Balancemos nosso deitar como a simples espera do levantar. E mais nada. Levantemos, amigo. A plantação está linda, mas há algumas pragas que temos de lançar fora.

É o momento de vencer. O trigo tem de vencer o joio para que o alimento chegue até a mesa. E para que a mesa seja uma celebração que alimenta o corpo e os sentimentos.

Obrigado pela espera e pela atenção. A pausa foi só na escrita. Somos irmãos ininterruptamente...

Com o renovado carinho,

GABRIEL

Segunda carta

Meu querido Gabriel,

Obrigado pelas palavras. Não é sempre que podemos receber uma fala tão sábia e sugestiva. Gosto de reconhecer nos discursos humanos as palavras geradoras. Em meio a tantas outras, elas saltam aos olhos, sugerem mais algumas, despertam o desejo de refletir, ir adiante.

Há discursos extensos que não nos presenteiam com palavra alguma. É a fala infértil, prolixa, redundante. Não agrega absolutamente nada ao que somos, mas ao contrário é capaz de nos retirar a alegria e a disposição. Neste mundo em que vivemos, é muito comum nos depararmos com discursos assim. Mas há outros que são ricos de palavras geradoras. São construídos a partir de uma visão holística da realidade, capaz de abarcar inúmeros aspectos numa mesma trama de palavras. É o discurso que não abre mão da sensibilidade, que realiza a proeza de colocar na mesma pauta razão e emoção.

Meu amigo, sua carta é um celeiro de palavras geradoras. Seu olhar sobre o mundo é profundo e respeitoso. A raiz de tudo isso é o amor que você tem pela humanidade. Não é possível refletir as questões fundamentais da comunidade humana sem que por ela exista amor e respeito.

Só o amor nos autoriza uma aproximação dos calvários do mundo. Ele é o elemento que impede a banalização, pois resguarda, envolve e protege o sagrado que por trás da dor se esconde.

Vez em quando vejo o sofrimento humano sendo usado como mecanismo. É lamentável. É afrontoso. A lágrima da mãe que perdeu o filho num soterramento é usada para ganho de audiência em programa de televisão. Não, não há comprometimento com o fato. O único desejo é aproveitar o acontecimento e transformá-lo em pauta para a manutenção de uma programação fútil. Não importa o quanto o outro sofre. O que importa é o quanto os índices de audiência subirão no momento em que a dor for exposta.

Gabriel, sua carta chegou num momento oportuno. Foi seguindo a trilha que suas palavras me sugeriram que pude adentrar o contexto de uma reflexão pertinente e necessária. A condição humana será sempre bem-vinda às nossas reflexões. Será sempre a base de uma boa prosa, afinal, toda vez que sobre ela refletimos, de alguma forma estamos alterando o que somos.

Antes de qualquer coisa, eu gostaria de salientar a satisfação que tenho de novamente estabelecer este vínculo. A carta é um mecanismo maravilhoso que nos proporciona a experiência do encontro.

Sua carta me fez recordar da ágora, a praça grega que foi lugar onde as experiências filosóficas ganharam caráter dialético. A ágora era um lugar de encontro. A principal atividade que os gregos exerciam por lá era a troca de mercadorias. Mas, naquele grande mercado a céu aberto, uma outra troca acontecia a ponto de prevalecer sobre as outras. Era a troca de ideias.

Enquanto a materialidade era negociada sempre sobrava espaço para uma conversa, uma troca de opiniões.

Tive um grande professor de História da Filosofia que fazia questão de nos dizer que foi na ágora que a filosofia assumiu o seu verdadeiro papel na sociedade. A filosofia do cotidiano, a reflexão nossa de cada dia. A arte de articular o pensamento como realidade dialética, que extrapola a verdade hermética, fechada, mas que se abre à percepção do outro.

A filosofia que é construída a partir da vida concreta das pessoas. A trama da existência e seus fios tão cheios de nuances. A filosofia como tear que tece e favorece a compreensão do entrelaçamento das linhas.

Sua carta apresentou tantas questões que merecem ser refletidas. Fiquei assustado com a questão que envolve os albinos da Tanzânia. Eu desconhecia aquela tradição mórbida. É lamentável que nos dias de hoje ainda tenhamos que admitir tamanho absurdo. O fato nos leva a compreender que, em muitos lugares do mundo, o respeito ao ser humano ainda não aconteceu. Ele ainda está condicionado a fatores culturais. Está restrito, limitado.

Confesso que a desesperança é o caminho mais atraente. Ao me deparar com relatos como esse, minha primeira reação é desesperar. É bem mais simples. Chego à conclusão de que nossos braços são curtos demais para abraçarem o mundo. Podemos muito pouco diante de tanta dor, tanto sofrimento. Mas é no impulso dessa desesperança que eu me recordo que a Tanzânia também é aqui. Não preciso ir longe. Há realidades muito próximas de mim que também são desumanas. Mas há uma diferença. Aqui eu posso agir. Não há limites linguísticos, geográficos, nem tampouco culturais. Tenho diante dos meus olhos injustiças e sofrimentos que falam a minha língua. Não se trata de pessoas que estão distantes de mim, assim como estão distantes as estrelas. Não tenho delas apenas um tênue brilho de notícia. Elas estão concretamente posicionadas nas esquinas de minha cidade. Moram em casebres que meus olhos alcançam; frequentam os mesmos lugares que eu; trabalham na guarita do prédio onde moro.

Gabriel, só assim o mundo pode ser diferente. Só dessa forma podemos prestar socorro aos desvalidos do nosso tempo. Há uma dor que mora ao lado. Há uma injustiça que é nutrida pelo mesmo ar que nos sustenta. É dela que precisamos nos ocupar. Se não temos como mudar a situação dos albinos africanos, resta-nos fazer justiça às injustiças que todos os dias batem à nossa porta.

Você falou de esperanças. Concordo com você. Só a esperança pode nos alimentar nessas ações. A esperança não nos deixa esmorecer. Ela nos posiciona diante da dureza da realidade humana de forma sempre nova. Gabriel, o mal não dá tréguas. Vejo as teias da maldade sendo lançadas sobre nós. É impressionante o número de pessoas que estão comprometidas com a disseminação do mal. Volto a dizer. O caminho mais fácil é desanimar. Mas não creio que seja o mais honesto. Precisamos buscar imunidade contra todos esses males. Caso contrário, nós também desanimaremos.

Assim como a mãe vacina o filho para imunizá-lo contra uma infinidade de vírus, da mesma forma nós também precisamos ser vacinados contra a maldade que está presente no mundo. A maldade é sedutora. Ninguém está livre dessa contaminação. Por isso precisamos tanto buscar essa resistência diária. É uma questão de sobrevivência.

A maldade é uma arma que permanece apontada. Há sempre uma pessoa que se dispõe a apertar o gatilho. Vez em quando somos terrivelmente atingidos por ela. É nessa hora que precisamos sobreviver. Tudo dependerá do quanto já estamos, ou não, imunes a seu poder agressor.

Meu amigo, eu busco essa imunidade nas palavras. É simples. Necessito de palavras assim como necessito de pão. É uma questão de sobrevivência. Tenho fome de pão, mas também tenho fome de palavras. Gosto muito da passagem bíblica que diz que "nem só de pão vive o homem". É verdade. Há outras fomes que precisamos alimentar.

A fome do corpo é facilmente notada. Ela se manifesta de forma determinante, aparente. O corpo que carece de alimento manda os seus sinais. A exterioridade é o território das manifestações. Não é possível esconder por muito tempo a fome física.

Nos tempos idos de minha infância, a minha mãe tinha uma expressão interessante para diagnosticar a nossa fome. Ela nos falava. "Vai comer alguma coisa porque você está muito descaído!" Eu sempre obedecia. Tinha medo de ficar "descaído".

Talvez seja por isso que eu seja muito atento às fomes do corpo. Faço questão de favorecer a saúde através dessa pequena disciplina. Os especialistas salientam que é importante que o ser humano não passe períodos prolongados sem a ingestão de alguma forma de alimento. Essa atitude, segundo eles, acelera o metabolismo do corpo. Metabolismos acelerados são importantes para a manutenção de uma vida saudável.

Creio que a mesma regra valha para a vida intelectual. Tão importante quanto alimentar o corpo é alimentar a alma. É claro que essa divisão "corpo e alma" é meramente didática. Creio na integralidade humana. Somos corpo e alma. É no corpo que a alma experimenta o mundo. É através da alma que o corpo transcende sua materialidade. Ao me referir à condição humana, eu não secciono, mas integro.

Uma boa reflexão acelera o metabolismo da alma. A palavra é o elemento fundamental para que isso aconteça. As imagens que vemos estão diretamente ligadas com as palavras que conhecemos.

As palavras alimentam realidades menos visíveis. Entram na mente e se perdem nos místicos emaranhados da alma. Pão e palavra possuem missões semelhantes. O corpo metaboliza o pão. Dele faz fonte de energia. Da mesma forma, a alma faz com a palavra.

Meu amigo, como é instigante esse processo. Nós nos transformamos no que comemos. O alimento é integrado pelo corpo. É por isso que insisto tanto na necessidade de sermos mais cuidadosos com a escolha dos nossos alimentos. Escolher o que vamos comer é escolher o que seremos. Nossa saúde depende dessa escolha.

O mesmo acontece com nossa vida intelectual. O cérebro é o lugar onde as ideias são metabolizadas. Ideias estão diretamente ligadas ao contexto das palavras. São elas que entrarão em nossa vida. São elas que nortearão o que somos e o que seremos.

Sei que você sabe disso, mas é bom repetir. Uma boa reflexão pode mudar o rumo de uma vida. Vejo isso o tempo todo. As pessoas erram muito porque refletem pouco. Sofrem muito porque não administram de um jeito certo as causas que as fazem sofrer. Escolhem errado, vivem errado, amam errado. Tudo porque faltou reflexão.

Muitos erros são gestados e mantidos a partir de atitudes irrefletidas, meu caro amigo. Por isso eu creio firmemente que a religião que praticamos só pode ser benéfica se nos fizer refletir. Caso contrário é alienação, esquecimento da realidade.

A vida humana é um território onde prevalecem muitas contradições. Sempre foi assim. Faz parte de nossa condição. É estatuto que trazemos na carne. Somos contraditórios.

Essa contradição nos atinge o tempo todo. Você enumerou vários sofrimentos que nascem dessas contradições. Como pode um ser humano se sentir no direito de esquartejar o outro? Mistérios da contradição. É nessa hora que entra a força transformadora da reflexão. Uma sociedade só poderá evoluir culturalmente à medida que refletir a cultura que possui.

É estranho, mas há muitos comportamentos e tradições que são mantidos sem que suas causas sejam conhecidas. Tive contato com uma história assim lá no interior de Minas Gerais. Havia uma família que tinha uma receita muito saborosa para o preparo de um peixe típico daquela região. A tradição já havia atingido a terceira geração. O fato interessante é que o peixe era sempre assado sem a cabeça. Ninguém nunca havia se questionado sobre o fato. Quem o fez foi uma das meninas, que pertencia à terceira geração.

Ao ser perguntada sobre a razão de o peixe ser assado sem a cabeça, a mãe da menina disse não saber. A resposta foi simples. *Sua avó me ensinou a assar assim*. A menina, por sua vez, resolveu ir fundo na investigação. A avó respondeu da mesma forma. *Aprendi com sua bisavó*. Tendo a oportunidade de perguntar o motivo à bisavó, a menina finalmente resolveu o enigma do peixe sem cabeça. *Não há razão alguma* – disse a velha senhora. *É que, no tabuleiro que eu tinha, o peixe nunca cabia inteiro*.

Acho interessante essa história. Nem sempre a manutenção de uma tradição está amparada em motivos consistentes. O tempo passou, os tabuleiros cresceram, mas os peixes continuaram sendo assados sem as cabeças.

Gabriel, muita coisa seria diferente se pudéssemos retomar os encantos da ágora. As pessoas seriam mais felizes, mais equilibradas, mais justas se estivessem mais dispostas à reflexão.

A vida ganha novo sentido cada vez que uma boa palavra vem iluminar as varandas da nossa mente. Uma boa palavra é como um bom alimento. Traz saúde.

Obrigado pela saúde que suas palavras me trouxeram. Volte sempre. Ficarei por aqui, enquanto faço essa boa digestão emocional.

Com meu carinho e bênção,

Pe. Fábio de Melo

Terceira carta

Querido padre Fábio,

Linda a sua carta. As varandas da minha mente ficaram um pouco mais iluminadas. Bela metáfora. Belas lembranças. E que bom que você tinha medo de ficar "descaído". Coisa boa que é o cuidado de mãe. Dona Ana é especialista na arte de cuidar.

Sua carta traz histórias singelas das Minas Gerais. Lendo sobre o segredo do peixe que não tinha segredo, lembrei-me de uma crônica de Rubem Alves sobre o lugar mais importante da casa: a "Cozinha".

Dizia ele que, em Minas Gerais, na cidade onde nasceu, a sala de visitas era o lugar "chique e arrumado".

> Na sala de visitas as crianças se comportavam bem, eram só sorrisos e todos usavam máscaras. Na cozinha era diferente: a gente era a gente mesmo, fogo, fome e alegria.

Em Cachoeira Paulista, onde nasci, na primeira casa em que morei, ainda havia fogão a lenha. Lembro-me da Rosa, que trabalhou com os meus avós e que trabalhava com a gente. Era como uma segunda mãe. Rosa gostava de cozinhar e gostava de contar histórias. Falava de sua gente, de seu povo, de suas tradições. Falava dos meus avós paternos, que praticamente não conheci. Minha avó morreu antes de eu nascer e meu avô, pouco tempo depois. Só teve tempo de celebrar mais um neto e partir.

Rosa fazia o que queria. Sua atitude era de protetora valente. Cuidava do meu irmão que tinha síndrome de Down como se fosse filho seu. Defendia cada um de nós e gostava de cozinhar no fogão a lenha. A brasa aquecia e, ao mesmo tempo, incendiava as histórias. Éramos iluminados com a sua prosa. Lembro-me de histórias de medo que ela inocentemente contava. Sobre feiticeiras que moravam no quintal. Eu tinha medo. Tinha medo do quintal. Não queria me encontrar com as feiticeiras. Cada uma tinha um nome e uma história. Lembro-me de algumas: Raimunda, Serena e Otaviana. E todas elas usavam vestido. Nada de calças compridas. Era o jeito dela de prosear. Falava sobre os vizinhos também. Gostava de comentários. Coisas de cidade do interior. Não ia aos velórios, mas fazia recomendações de que eu, menino, prestasse atenção e contasse a ela quem tinha chorado mais. Lembro-me da morte de um vizinho e de meus cuidados em reparar o choro de cada um. Lembro-me do choro dela quando meu irmão partiu. E do seu cuidado com os meus dias de reconstrução naquele quarto da saudade. Foi depois do acidente. Eram dias olhando o vazio e esperando um amanhã que teimava em demorar.

Saudade, palavra que inspira os poetas, que alimenta os amantes, que confere esperança aos que viajam. Em dias de chuva, Rosa contava histórias de trovão, raio. Meu pai olhava com um cinismo bem-comportado, um olhar doce para a falante. Éramos nós e nossos medos, nós e nosso tatear vagaroso para um mundo vasto que se abria.

Na cozinha é que brincávamos de corajosos diante de suas narrativas. Na cozinha é que víamos os seus chás serem preparados. Chá de carqueja, chá de alho, chá de erva-cidreira... cada um tinha uma função. Doença se curava era com chá. De médico, Rosa tinha medo. Preferia a horta. Entendia de plantação. Plantava em nós a tão necessária curiosidade. Tristes crianças quando não têm curiosidade nem conversa. Fogão a lenha é coisa de ontem.

Rosa falava dos negros, seus irmãos. Contava histórias de escravos. Assistimos juntos às novelas *Direito de nascer* e *Escrava Isaura*. Choramos juntos a dor da injustiça, da incompaixão. Ficávamos deitados na sala e, vez ou outra, alguém tinha de subir no telhado e virar a antena ou colocar alguma palha de aço. E tudo simples, meu amigo. Sem hierarquia. Traços de candura nos aqueciam. Cândido, era seu olhar. Disperso às vezes, como se alguma lembrança recuperasse a sua identidade.

Padre Fábio, a escravidão foi horripilante. Nossa história e nossa literatura são ricas na denúncia do sofrimento de nosso povo. Esse foi um tema que sempre me inquietou. Como nossa pátria conviveu com tanta mesquinharia de sentimentos? Como um povo pôde ser subjugado por ter uma cor de pele diferente?

Castro Alves, o poeta da liberdade, o defensor dos oprimidos, o condoreiro da poesia social, o romântico da Terceira Geração, nos legou versos inesquecíveis do sofrimento dos escravos em “Navio negreiro”.

Nesse poema, o poeta assume a posição de um pássaro que voa sobre os mares. E, de repente, se depara com um brigue. Quanto mais se aproxima, mais perplexo fica com a embarcação, e descreve o que vê.

Fala dos homens e das mulheres feitos miseráveis pela situação. Fala das crianças magras. Fala do velho. Fala da multidão.

Depois de descrever a cena no navio negreiro, ele se indigna (o poema fica cheio de exclamações) e começa a clamar por Deus e então conta a história dos escravos, de onde vieram e como viviam e onde hoje estão. O poeta inaugura um poema de oratória, para ser ouvido e não lido. O porta-voz da liberdade:

Senhor Deus dos desgraçados!
Dizei-me vós, Senhor Deus!
Se é loucura... se é verdade
Tanto horror perante os céus?!
Ó mar, por que não apagas
Co'a esponja de tuas vagas
De teu manto este borrão?...
Astros! noites! tempestades!
Rolai das imensidades!
Varrei os mares, tufão!

Quem são estes desgraçados
Que não encontram em vós
Mais que o rir calmo da turba
Que excita a fúria do algoz?
Quem são? Se a estrela se cala,
Se a vaga à pressa resvala

Como um cúmplice fugaz,
Perante a noite confusa...
Dize-o tu, severa Musa,
Musa libérrima, audaz!...

A musa a que se refere é a poesia, a poesia da liberdade. Prossegue, falando da terra de onde vieram:

São os filhos do deserto,
Onde a terra esposa a luz.
Onde vive em campo aberto
A tribo dos homens nus...
São os guerreiros ousados
Que com os tigres mosqueados
Combatem na solidão.
Ontem simples, fortes, bravos.
Hoje míseros escravos,
Sem luz, sem ar, sem razão...

Fala da tristeza dos escravos capturados na África e que não tinham sequer o direito de se despedir de seus parentes:

Lá nas areias infindas,
Das palmeiras no país,
Nasceram crianças lindas,
Viveram moças gentis...
Passa um dia a caravana,
Quando a virgem na cabana
Cisma da noite nos véus ...

... Adeus, ó choça do monte,
... Adeus, palmeiras da fonte!...
... Adeus, amores... adeus!...

E traz uma dolorosa antítese:

Ontem a Serra Leoa,
A guerra, a caça ao leão,
O sono dormido à toa
Sob as tendas d'amplidão!
Hoje... o porão negro, fundo,
Infecto, apertado, imundo,
Tendo a peste por jaguar...
E o sono sempre cortado
Pelo arranco de um finado,
E o baque de um corpo ao mar...

Ontem plena liberdade,
A vontade por poder...
Hoje... cúm'lo de maldade,
Nem são livres p'ra morrer.

Amigo, há tantos outros poemas de Castro Alves que poderíamos tomar por empréstimo. Em "Vozes d'África", o poeta questiona a Deus que assiste a tudo e não defende os escravos dos maus-tratos:

Deus! Ó Deus! onde estás que não respondes?
Em que mundo, em qu'estrela tu t'escondes
Embuçado nos céus?

Há dois mil anos te mandei meu grito,
Que embalde desde então corre o infinito...
Onde estás, Senhor Deus?

Não me parece que seja uma atitude de falta de fé, mas sobretudo de inquietação diante da dor de seu povo. A dor nas tragédias tende a nos tornar mais sensíveis, mais reflexivos, mais questionadores.

Não são poucas as tragédias que presenciamos. Dia desses um casal contou-me sua saga. Falaram do filho único, esperado por tanto tempo. Choraram a morte estúpida. A criança de quatro anos foi vítima da televisão. Isso mesmo, a televisão caiu sobre a criança, feriu a cabeça e antecipou a partida. Ouvi a história e os questionamentos. Dizer o quê? A mãe culpava Deus: "Por que Deus não tomou conta do meu filho, por que Deus não segurou a televisão?". O pai culpava a si mesmo: "Se eu tivesse tido dinheiro para comprar uma dessas televisões que são finas, nada disso teria acontecido". E eu ouvia, amigo, tentando colocar algumas gotas de futuro naquele casal. Culpar Deus é desculpar o descuido humano. E isso não é correto.

As tragédias nascem das escolhas humanas e de suas relações com a natureza. O descuido com a nossa casa-mãe tem gerado abalos constantes. Terremotos, tempestades, tufões, maremotos. As estações resolveram se misturar. A imprevisibilidade do clima poderia nos ensinar a escolher o que fazer, com antevisão. Mas o meu problema com aquele casal era diferente. Um televisor caiu e um filho partiu. Restava-me chorar com eles. Restava-me compreender que razões tantas não trariam razão alguma para uma dor que não tinha o poder de antecipar o tempo da compreensão e da aceitação. Restaria a saudade.

Quero voltar a Castro Alves e a um de seus poemas que mais me tocam: "Tragédia no lar". A mãe está na senzala embalando o filho, e três negros, a mando do senhor, entram e arrancam o menino das mãos dela para vendê-lo. Ela implora que não o levem. Como não consegue convencê-los, ela salta diante deles, com a fúria da fêmea que protege a cria, e os enfrenta. O poema termina com o choro da criança pela estrada e o riso gelado da mãe morta, por amar demais seu filho.

— Dá-me teu filho! repetiu fremente
o senhor, de sobr'olho carregado.
— Impossível!...
— Que dizes, miserável?!
— Perdão, senhor! perdão! meu filho dorme...
Inda há pouco o embalei, pobre inocente,
Que nem sequer pressente
Que ides...
— Sim, que o vou vender!
— Vender?!... Vender meu filho?!

Senhor, por piedade, não
Vós sois bom antes do peito
Me arranqueis o coração!
Por piedade, matai-me! Oh! É impossível
Que me roubem da vida o único bem!
Apenas sabe rir é tão pequeno!
Inda não sabe me chamar? Também
Senhor, vós tendes filhos... quem não tem?

Se alguém quisesse os vender
Havíeis muito chorar
Havíeis muito gemer,
Diríeis a rir — Perdão?!
Deixai meu filho... arrancai-me
Antes a alma e o coração!

— Cala-te miserável! Meus senhores,
O escravo podeis ver ...

E a mãe em pranto aos pés dos mercadores
Atirou-se a gemer.
— Senhores! basta a desgraça
De não ter pátria nem lar, —
De ter honra e ser vendida
De ter alma e nunca amar!

Deixai à noite que chora
Que espere ao menos a aurora,
Ao ramo seco uma flor;
Deixai o pássaro ao ninho,
Deixai à mãe o filhinho,
Deixai à desgraça o amor.

Meu filho é-me a sombra amiga
Neste deserto cruel!...
Flor de inocência e candura.
Favo de amor e de mel!

Seu riso é minha alvorada,
Sua lágrima doirada
Minha estrela, minha luz!
É da vida o único brilho
Meu filho! é mais... é meu filho
Deixai-mo em nome da Cruz!...

Porém nada comove homens de pedra,
Sepulcros onde é morto o coração.
A criança do berço ei-los arrancam
Que os bracinhos estende e chora em vão!

A escravidão foi uma catástrofe humana. É uma catástrofe humana. Deus não tem culpa. São as nossas escolhas diante da nossa ausência de amor. É a busca pelo poder. Em 1813, um alvará tratou do transporte dos escravos da África para o Brasil. Proibia o alvará a superlotação e determinava a ventilação nos porões dos navios. Nada de marcação com ferro quente, devendo ser substituída por uma coleira ou por uma manilha. O desfecho do alvará era o seguinte:

> Da frequente renovação de ar depende a manutenção da saúde dos navegantes. Ainda mesmo o interesse pessoal dos proprietários de navios, pois não recebem frete pelo transporte de negros que morrem na travessia.

Amigo, a questão não era melhorar as condições dos escravos, era não perder dinheiro. Escravo morto significava menor frete.

Nunca vou me esquecer das cenas de *Escrava Isaura*. De Leôncio comprando escravos. De sua atitude violenta. Eu perguntava à Rosa por que ele era tão ruim. E ela me dizia que tinha muita gente ruim no mundo. E emendava uma história na outra.

Nas batalhas da escravidão, sentiam-se vitoriosos os senhores que exibiam suas conquistas. A senzala cheia era sinônimo de poder. Os fracos eram aqueles que não controlavam os seus servos. Os fracos eram os que tinham compaixão.

Ouvi isso algumas vezes sobre meninos infratores e sobre criminosos. Ouvi de gente que exercia algum poder e que me aconselhava a nunca confiar "nessa gente".

Qual gente? Há, então, duas humanidades? A dos que estão incluídos e a dos que estão excluídos? Qual gente? Não fazemos parte de uma mesma natureza humana, nós todos? É tão simples e aparentemente tão difícil compreender que não há vitória quando o outro é derrotado. "Ao vencedor as batatas", ridicularizava Machado de Assis. Vencer, pisando ou pesando sobre o outro decididamente não é vencer. Devíamos nos envergonhar da trapaça histórica de tentar subjugar um povo, uma raça, uma nação. A guerra dizimou povos, arruinou sonhos. A violência estrangulou e estrangula amanheceres.

Amigo, não quero que esta carta chegue dissociando dor de esperança. O passado nos ensina e é preciso estar atentos ao seu ensinamento; e o futuro nos desafia. A escravidão nos fez derrotados como natureza humana. O grito de Castro Alves não era um grito contra Deus, era um grito contra a liberdade que resolveu voar para a terra de ninguém e deixar aos grilhões do ódio o controle do nosso quintal. É desse quintal que tenho medo, amigo. O quintal da minha antiga casa tinha a mística da Rosa. Da Rosa que não espinhava por querer. Aquele medo já passou. A escuridão da noite sem luar é apenas a espera por um tempo sem nuvens. A escuridão do ódio é a putrefação da alma. Apodrecemos quando negamos ao outro o que sonhamos para nós mesmos. Míseras atitudes, ainda existentes, de famílias que tratam os seus ajudantes como seres de uma estirpe inferior. Não podem comer a mesma comida, muito menos beber a mesma bebida. Nossa Rosa era tratada como a poética do nome exigia. Saudade. Infância regada em jardim que ficou na casa antiga. Saudade. Lembranças iluminadas e iluminadoras.

Querido padre Fábio, obrigado por ler os meus rabiscos. A construção dos meus sentimentos passa por essas lembranças que moram em mim. A construção dos seus sentimentos também. Somos irmãos em Cristo e irmãos na afinidade da cozinha com fogão a lenha. Mesmo em tempos de alta tecnologia, embalamos nossa canção no fogo do amor. E o amor não virá para o jantar se a simplicidade não for convidada. De tudo o que eu escrevi, fica a síntese da minha esperança. Se convivermos com a simplicidade, a travessia fica mais tranquila. Nada de escravidão nem de ração medida, muito menos de porões. Nada de divisões nem de hierarquia entre humanos. Nada de presunção de vitória sobre a derrota alheia. Vençamos juntos a batalha da arrogância e da complacência com os arrogantes.

É de simplicidade que precisamos. Venha, amigo. Vamos jantar na cozinha antiga ou na varanda de nossa mente. E se Castro Alves voltar e se transformar em pássaro novamente poderá contemplar um outro cenário. Pelo menos essa é nossa utopia. Sinta o fogo aceso. O alimento está sendo preparado. E o amor... o amor está aqui, conforme prometido.

Com o carinho de sempre,

GABRIEL

Quarta carta

Gabriel,

Suas palavras me trouxeram alegrias. As lembranças de sua infância me recordaram as velhas tramas das colchas de retalhos, trabalho artesanal que realiza a proeza de fazer novo o que é velho.

Suas memórias são como pequenos retalhos que recuperam o viço da beleza quando postos ao lado de outros. O processo de feitura de uma colcha de retalhos é muito interessante. Requer sensibilidade para perceber os contrastes que serão bonitos quando, ao final, forem vistos no contexto do todo.

Esta forma de artesanato trabalha a partir de uma reciclagem que proporciona o encontro de tecidos que tiveram histórias desconhecidas. São oriundos das mais diversas situações. Tecidos de festas, tecidos de morte, tecidos do cotidiano, todos encontrando o destino de mãos de mulheres que os costuram numa trama única. Mulheres que, de maneira ritual e sensível, reconciliam as diferenças do mundo. O tecido pobre, opaco, ganha vida ao ser costurado ao lado do tecido sedoso e vibrante.

Tecer colchas de retalhos é como realizar um ritual. É descobrir os caminhos que os próprios tecidos sugerem. Há uma notícia escondida em cada cor. Há um sentimento abscôndito em cada retalho, coisas que aos tempos idos pertencem. A vida se registra com generosidade sobre as coisas. Eu creio nisso. É como se houvesse uma memória em cada fragmento da materialidade que nos rodeia. Sei que isso fere os postulados de nossos princípios cartesianos, mas não importa. Busco socorro na conclusão sugestiva de Blaise Pascal, o teólogo francês, que na tentativa de compreender uma forma peculiar de inteligência, que pudesse abarcar as verdades da moral, da religião e da filosofia, argumentou de forma brilhante: "O coração tem razões que a própria razão desconhece".

É verdade. A razão humana não pode abarcar todos os mistérios que nos envolvem. Experimento isso o tempo todo. A vida me afeta. A vida me provoca. Adentro algumas realidades que não podem ser dissecadas a partir dos princípios da razão científica. O que delas sorvo, de alguma maneira fica armazenado em mim. São os meus retalhos. Retalhos de alegria, retalhos de tristeza, retalhos de esperança, retalhos de desespero.

Vez em quando eu preciso costurá-los também. Uso a mesma técnica das mulheres que tecem colchas. Escolho os retalhos tristes e procuro dispersá-los no meio de retalhos felizes. Eles não deixam de existir, mas ganham novo aspecto. Perdem o poder opressor que possuíam quando eram solitários. Esse ritual me recorda o conceito de Redenção, tema tão caro aos contextos religiosos. Redimir é retirar o outro de situação desfavorável e elevá-lo. O retalho triste ficará menos triste ao ser posicionado ao lado do retalho feliz. O encontro gera o equilíbrio. É como a dissonância na sinfonia. A nota triste é utilizada para preparar a chegada da alegria.

Meu caro amigo, as regras da vida estão esparramadas pelos quatro cantos do mundo. Colchas e sinfonias podem servir como manual de instrução para uma vida melhor. O que precisamos é observar um pouco melhor o mundo que nos cerca. Há ritual em tudo o que é vivo. Só precisamos descobrir o movimento do rito e nele entrar. É como se houvesse uma música sendo entoada. Precisamos ouvir bem o que ela nos sugere.

Tenho visto muitas pessoas infelizes pela vida. As causas costumam ser as mesmas. Estão dançando fora do ritmo. Não escutaram bem a melodia que o tempo presente está lhes proporcionando.

Ignorar a ritualidade da vida é o mesmo que quebrar o seu encanto. Fazemos isso o tempo todo. Nossas pressas contemporâneas não nos permitem demoras. Estamos sempre atrasados. Mas o rito nos pede calma. Nasce o impasse. De alguma forma temos que ceder. Ou entramos no ritmo do rito, ou o ignoramos. E dessa forma plantamos o futuro.

Vez em quando eu me deparo com colheitas infelizes. Pessoas que descobriram que a pressa não valeu a pena. Correram atrás do mundo que estava distante, mas se esqueceram de viver o mundo que estava sob seus pés.

Escutei recentemente o relato triste de um pai que precisou sepultar os dois únicos filhos num mesmo dia. Os rapazes estavam voltando de uma festa. Perderam a direção do carro e se chocaram contra uma árvore. Morreram juntos, na mesma hora. O sofrimento do pai não era sem razão. A morte dos rapazes acendeu uma luz desconfortável na consciência daquele homem. A ausência dos filhos lhe fez pensar na maneira como havia escolhido exercer sua paternidade.

Ele era um homem de negócios. Construiu um grande patrimônio. Mas essa construção lhe custou bastante caro. O trabalho incessante lhe fez muito ausente em sua casa. Ausência sempre justificada. Reuniões, viagens, coisas importantes a serem decididas. Dessa forma ele não viu os filhos crescerem. Deixou de estar ao lado deles em momentos importantes da vida.

Ao sepultar os filhos, o homem tomou consciência de que havia dançado a melodia errada. Muito pouco havia se rendido à ritualidade que a paternidade sugere. Suas ausências justificadas não eram capazes de lhe salvar daquele terrível drama de consciência.

A herança que tanto quis construir perdeu o sentido. Não havia filhos que pudessem recebê-la. Ao constatar o erro, o pobre homem rico já não podia mudar o rumo de suas escolhas. Os filhos estavam mortos.

Gabriel, a consciência de que a vida é ritual pode nos salvar destes desastres. Não, não me refiro à morte dos meninos. Eu me refiro à morte que desceu suas sombras sobre aquele coração de pai. Só o rito pode nos acender a consciência da força do momento presente. O que agora estamos vivendo será matéria-prima do futuro. Se escolhemos amar, é bem provável que nosso futuro será recheado de saudades boas. Mas se escolhemos negligenciar o amor que podemos oferecer ao outro, é certo que nos restará nas mãos um cesto de arrependimentos e remorsos.

Gabriel, tudo fica mais bonito quando é realizado dentro de um contexto de ritualidade. Só o rito pode bordar a rotina e revesti-la de beleza. A rotina de uma vida feliz é o sonho de todos nós. Mas como é possível descobrir este caminho, já que a vida é o lugar das contradições?

Você falou das tragédias do nosso tempo. Relatou o quanto elas nos enchem de indignação. Concordo. Elas são universais e particulares. Os terremotos são diversos. Assolam solos, mas também assolam almas. O sofrimento do mundo é questão que jamais poderemos esgotar em compreensão. Sobre suas razões temos indícios. O mundo criado é naturalmente limitado. Este é um deles. O limite é a mola propulsora que faz o sofrimento ganhar movimento. O que não podemos é perder a esperança. Sofridos ou felizes, o nosso destino deve ser um só: a vida.

Esse é o comprometimento que poderá fazer a diferença. Quanto mais estivermos comprometidos com a vida, maior será nossa possibilidade de diminuir os efeitos do sofrimento dos nossos dias. Diante da tragédia, temos a possibilidade de assumir duas posturas. Podemos nos desesperar, ou podemos nos encher de novos motivos para o recomeço. Esse é o código que diferencia um ser humano de todos os outros: a capacidade de recomeçar.

Mesmo que todos os meus filhos estejam mortos, há sempre alguém no mundo que poderá receber o amor que descobri negligenciado dentro de mim. Nunca é tarde para costurar o retalho triste na trama de nossa história. O que não podemos é permitir que ele prevaleça deslocado, gritando suas mágoas, privando-nos da alegria nossa de cada dia.

Há sempre um alinhavo possível. Por mais frágil que seja, ele sempre valerá a pena. Ele é a garantia da continuidade. Ele é a certeza de que nada do que vivemos poderá ficar fora de nossa colcha final.

Meu amigo, suas lembranças felizes, expressas nas descrições de Rosa, a protetora fiel, cruzam os mares da memória e esbarram na proa dos navios negreiros que os versos de Castro Alves descrevem com tanta profundidade e poética. Os avessos da vida se reconciliam em seus relatos. O rosto negro que lhe fez feliz é o mesmo que lhe recorda um dos maiores flagelos que a história humana pôde presenciar: a escravidão. Colcha de gente, retalhos humanos que pertencem à trama de sua existência e que figuram como peças fundamentais para a sua compreensão da vida.

Gabriel, suas palavras me fizeram pensar sobre o poder transformador da simplicidade. Creio que seu dom literário tenha encontrado força nas narrações de Rosa. Ela fez com você o mesmo que a chuva faz com a semente, na obediência silenciosa dos ciclos das estações. Fez nascer. A simplicidade de Rosa viabilizou o seu contato com o poder das palavras. Suas histórias lhe fizeram adentrar o mundo mágico da fantasia literária. Fizeram-lhe conhecer o poder redentor que a simplicidade encerra. A cozinha de Rosa foi a sua primeira academia de letras. Foi lá que sua primeira cadeira de imortal lhe foi oferecida.

Gabriel, simplicidade é um conceito frutuoso e inescrutável. Sugere caminho único, concentração de forças. Talvez seja por isso que Rubem Alves tenha dito que "simplicidade é querer uma coisa só". É verdade. Quando somos simples no que queremos é mais fácil construir a solução para o que necessitamos. O muito querer nos dispersa, retira o foco do objetivo principal.

Nasci e cresci num contexto muito simples. Sou filho de um pedreiro. Meu pai trabalhou a vida inteira na construção civil.

Embora não tenha estudado engenharia, foi um homem portador de conhecimento prático. Vez em quando eu o via recebendo os engenheiros responsáveis pelas obras que ele construía. Vinham trocar ideias sobre cálculos e projetos.

A vida em nossa casa era muito simples. As oportunidades eram poucas. Cabiam todas em minhas mãos. A restrição pode ser pedagógica. Aprendi muito cedo essa verdade. Minha mãe sempre foi dona de casa. Nunca exerceu uma profissão, nem tampouco frequentou escolas e universidades. No entanto, posso lhe assegurar que ela é o melhor livro que já li na minha vida.

Minha mãe e meu pai são os dois retalhos fundamentais da minha colcha. Não sei olhar para a minha vida sem que os meus olhos os descubram em cada detalhe. O motivo é simples. Foram eles que me ensinaram a respeito da ritualidade da vida. Foram eles que me ensinaram que navios negreiros não merecem mares. Foram eles que me ensinaram que Rosas, Isauras, e tantas outras mulheres que embalam berços, são tão fundamentais para a sociedade quanto aqueles que a governam.

Eles me ensinaram com atitudes. Ensinaram na educação que me ofereceram. Não sabiam dizer discursos cultos, elaborados, mas souberam transformar a teoria que o mundo já sabe de cor, mas nem sempre sabe viver, em lição cotidiana que só os gestos ensinam.

Gabriel, este é também um mistério que não pode ser desvendado. Pessoas simples acessam com muita facilidade a profundidade da vida. Sabem viver na prática o que não sabem dizer na teoria. Isso me faz lembrar o conhecido verso de Cecília

Meireles, em sua obra *Romanceiro da Inconfidência*, que aborda com profundidade o conceito de "liberdade". Ela diz: "Liberdade – essa palavra/ que o sonho humano alimenta: que não há ninguém que explique,/ e ninguém que não entenda!".

Meu amigo, é com Cecília que me despeço. Desejo que você continue ritualizando a sua vida. Que você não desista do ofício de emprestar palavras aos sentimentos dos iletrados. Que você não se distancie das lembranças de Rosa. Que se interesse sempre mais pelo artesanato das mulheres que tecem colchas, e que continue impedindo que navios negreiros partam ou cheguem aos nossos portos.

Com meu carinho e bênção,

Pe. Fábio de Melo

Quinta carta

Padre Fábio,

Continuemos nosso ritual da escrita. Sejamos seus servos. Servos voluntários de palavras que vão ganhando significado e vida e vão dando significado e vida às nossas histórias. É belíssima sua metáfora das tramas das colchas de retalhos. Os contrastes dos tecidos de festa e dos tecidos de morte. É a mistura ritualística do que nos agrada e do que nos atormenta. A morte é um mistério que nos perturba. A morte como fim da vida terrena. A morte de uma relação de amor ou de amizade. A morte como partida para uma nova etapa. Não é à toa que os adolescentes que se despedem em festas de formatura choram a morte daquele período da vida. Os amantes antecipam a dor antes de a dor chegar. A expectativa da morte de um relacionamento faz com que relacionamentos mortos continuem a incomodar. Mas somos assim. Somos assim nas amizades. Teimamos em incomodar e nos permitimos que os incômodos nos façam companhia. E tudo porque desconhecemos o lindo ritual da sinceridade.

Amigo, tornamo-nos pessoas melhores quando somos capazes de tecer relações verdadeiras. Sem ganhadores nem perdedores. Ceder não é entregar ao outro o troféu da vitória.

Longe disso. É perceber que o outro também tem razão. Que o outro existe. Que o outro merece respeito. Antoine de Saint-Exupéry, autor de *O pequeno príncipe*, nos sugere que "Amor não é olhar um para o outro. Mas sim, olhar ambos para uma mesma direção".

Sua Rosa tinha dito a ele que era a única Rosa existente. E em visita a outros planetas o pequeno príncipe percebe que havia multidões de rosas, o que o deixa, a princípio, um pouco decepcionado. Mas adiante compreende que a sua Rosa era única porque ele a tinha feito assim. É o tão citado conceito de que nos tornamos responsáveis quando somos capazes de cativar.

Olhar para a mesma direção, amigo, é mais bonito do que competir. As relações entre casais vão ficando insuportáveis quando um olha para o outro com o olhar decidido a perceber imperfeições. As falhas são apontadas como um trunfo de vencido e vencedor. Os erros fazem parte da vida. Quando se olha para a mesma direção essas saliências não incomodam. E qual direção é essa? Para onde olha um casal? Sem essa pergunta, a vida a dois perde significado. Para onde vamos? Por que resolvemos transformar a nossa vida em uma simbiose de amor? Por que nossos tecidos se misturaram nesse mesmo tear?

As relações de amor são trabalhosas. As diferenças incomodam. O convívio diário é desafiador. Até mesmo para amigos. Uma viagem, por exemplo, é um desafio. Cada um com a sua vontade. Ou pior, cada um com a ânsia de que a sua vontade prevaleça. E a paisagem perde o significado. Deixamos de contemplar oceanos e serras e construções para implicar com o viajante amigo que ocupa algum espaço em nossa travessia.

A viagem familiar é ainda mais trabalhosa. É o cotidiano que acinzenta as relações quando o ordinário não tem o poder de trazer a poética do extraordinário. O ordinário terá de acontecer. É o acordar, o alimentar, o andar, o sentar, o ver, o deitar e assim sucessivamente. Todos os dias. Em todas as ocasiões. O extraordinário é a ternura que transmuta esses gestos e confere a eles novos significados. O alimentar é uma celebração de amor que envolve o preparo, a conversa, a refeição, a despedida. O acordar deixa de ser um gesto corriqueiro quando se é capaz de agradecer a Deus pela vida que se renova e de, pleno desse agradecimento, tocar com leveza na história que nos acompanha.

Tenho lembranças, amigo, da delicadeza com que meu pai cuidava de minha mãe. Dormiam juntos, acordavam juntos. E ele, como num ritual, dava o tom de extraordinário àquela vida. O café da manhã era recheado de declarações de amor e minha mãe sorria, um pouco tímida, mesmo depois de trinta anos de casados. Ele era galanteador, fazia com que ela se sentisse linda a cada amanhecer. Sem exageros. Mas com um olhar ampliado pela lente do amor. Era ela o seu amor. E, do amor, a gente cuida; e, com ele, a gente se eleva.

Há tantos casais que se estranham cotidianamente. Tive uma aluna na faculdade que dizia que o marido fazia medição do seu percentual de gordura semanalmente. Que não admitia uma mulher com medidas exageradas. Que não tolerava mulheres arredondadas. Ela dizia isso constrangida em aceitar um marido assim. Queria minha opinião. Não queria se sentir um objeto. E tinha medo. Medo de envelhecer. Medo de deixar de despertar desejo no marido. Medo do futuro. É difícil dizer sobre as relações. As razões são tantas. As idiossincrasias também. Idiotizamos as pessoas e nós mesmos com excessos de vaidade e com cobranças de perfeição. A mulher infeliz falava do regime imposto pelo marido. Aliás, do marido gordo. As medidas perfeitas tinham de ser as dela. Ele era o macho. E a ele competia o poder de exigir. O que leva uma mulher a aceitar isso? Ela tinha medo de engravidar. Medo de não voltar à magreza, medo de amamentar, medo de perder o formato dos seios. Que vida é essa? Vale a pena? Para encurtar a conversa, antes que eu dissesse muita coisa, ela concluiu sobejamente: "Ruim com ele, pior sem ele".

Sem julgamentos apressados, essa é uma vida derrotada. As tormentas não compensam a companhia. Não estou aqui dizendo que relações não podem ser reconstruídas, que o amargor do alimento jamais poderá receber o mel. A questão é que quando se entra em um jogo de desejos e projeções *sem olharem ambos para uma mesma direção*, retomando Saint-Exupéry, o que deveria ser uma história de amor com alguma dor, vira uma história de dor com nenhum amor.

O amor não se preocupa com detalhes para reparar o imperfeito; ao contrário, utiliza os detalhes para fazer perfeito aquilo que deve ser reparado com cuidado.

E, com sinceridade, tudo fica mais fácil.

HÁ UM LINDO conto de Hans Christian Andersen chamado "A roupa nova do Imperador". Resumidamente, é a história de um Imperador que era tão apaixonado por roupas novas que passava toda a sua vida se preocupando apenas com isso. Dificilmente trabalhava ou cuidava do povo, imperiosamente a frase era "o Imperador está se vestindo". Certa vez, chegaram dois vigaristas que se fingiram de impecáveis costureiros, dizendo que tinham o poder de tecer os trajes mais bonitos do mundo. Além do que, os tecidos tinham a qualidade de serem invisíveis para qualquer pessoa que fosse tola, para qualquer um que não tivesse condições de exercer algum poder. O Imperador ficou eufórico. Além de poder usar os mais belos trajes do mundo, poderia descobrir os tolos do seu reino. E imediatamente fez a encomenda. Pediram uma fortuna e o Imperador nem discutiu. E ficaram em uma sala fingindo que estavam tecendo. Vez ou outra, o Imperador enviava alguém para ver o trabalho e cada um que chegava nada via e, mesmo assim, com medo de ser tolo, fazia elogios e mais elogios ao tecido e à vestimenta em preparação.

Certo dia, o Imperador achou que deveria conferir a feitura de suas vestes, ainda no tear. E foi acompanhado por um grupo de conselheiros. Quando chegou, pensou consigo mesmo: "O que é isto? Não estou vendo nada. Que lástima! Serei um tolo? Não terei capacidade para ser imperador? E agora?". Não teve dúvidas e falou: "É realmente magnífico. É o mais belo tecido e a mais bela vestimenta que já vi". Todos os conselheiros, que também não viam nada, fizeram coro ao imperador: "Magnífico".

E o Imperador resolveu usar o traje em um desfile especial. E todo o povo, que sabia da história de que para os tolos a roupa seria invisível, só fazia elogiar. Até que uma criança, espontaneamente, gritou: "O Imperador está nu, o Imperador está nu".

Padre Fábio, é preciso permitir que a criança nos ajude no ritual da vida. A criança que vive em nós fica amedrontada com nossa gana de poder. Vamos acumulando hipocrisias com medo de que descubram nossa verdadeira face. Mas nossa face é tão mais bonita do que os disfarces que usamos! Por que tanto medo? Por que tanta maquiagem?

Quando você fala de seu pai, pedreiro, homem simples; quando você fala de sua mãe, talhada para amar; quando você compreende que desse encontro de tecidos a trama da sua vida foi ganhando forma, você celebra a sua identidade. Eu faço o mesmo quando permito que a memória me traga esse tesouro de um amor que não morreu. As lembranças estão aqui me ajudando a compreender o que falta para que o tear não pare.

Amigo, fico preocupado com as crianças que crescem em lares em que a disputa pelo poder ocupa o espaço destinado ao ritual do crescimento. A disputa ciumenta de saber quem é o mais amado, a disputa desconexa de saber quem tem mais poder, qual autoridade deve ser mais prestigiada. Os filhos ficam em uma desnecessária escolha entre o pai e a mãe. Não há escolha. Os dois são essenciais. Os dois são amados. Os dois exercem autoridade. As relações entre pais e filhos não podem ser infantilizadas por esses distúrbios sociais. O pai diz uma coisa; a mãe, outra. A mãe autoriza, o pai desautoriza. O pai diz sim, a mãe diz não. É evidente que as opiniões podem ser diferentes. E, diante disso, o diálogo entre pessoas equilibradas colabora para que se chegue a um bom senso.

Tenho uma amiga que mora em outro país e que se separou do marido. Eles têm dois filhos. A justiça decidiu por uma guarda compartilhada. Uma semana com um, uma semana com o outro. Há uma disputa pelo amor dos filhos. Nem pai nem mãe gostam de utilizar a palavra "não". Cada um quer oferecer o máximo de prazer para ser o mais amado. E eu lhe pergunto:

como vão crescer essas crianças? O limite faz parte do amor. Educar é dizer sim e é dizer não. Presentes em excesso, passeios em excesso, roupas, restaurantes, desejos atendidos antes de serem gestados. E as crianças vão se tornando enfadonhas.

Poderia enumerar outras tantas histórias parecidas. E sei que em sua missão de participar do calvário da humanidade, muitos desses relatos já fazem parte de sua prosa. E é tão simples perceber o fracasso nessa busca de sucesso. É tão óbvia a constatação de que nessas disputas não há lugar para vencedores. Perdem todos.

Amigo, a relação entre pais e filhos é essencial para o equilíbrio do ser humano.

Bertrand Russell dizia:

> Os nossos pais amam-nos porque somos seus filhos, é um fato inalterável. Nos momentos de sucesso, isso pode parecer irrelevante, mas nas ocasiões de fracasso, oferecem um consolo e uma segurança que não se encontram em qualquer outro lugar.

Em outras palavras, é no colo paterno e no colo materno que embalamos as nossas derrotas. É o espaço privilegiado de aconchego. Sem cobrança, nem medo. Sem desafios. Sem máscaras nem maquiagem.

Há pouco, deitado no colo da minha mãe, perguntei sobre decisões da minha vida política. Tinha escutado muita gente. Ouvi opiniões de pessoas pelas quais tenho muita consideração. Amigos mais experientes. Mas no momento da decisão, resolvi deitar em seu colo e dividir as minhas angústias. Ela pouco falou com os lábios. Seus dedos, acariciando os meus cabelos, iam me explicando os riscos e as necessidades. A proteção me garantia que se a escolha fosse acertada ou errada aquele colo continuaria a me embalar com a mesma ternura.

Quero voltar à Rosa. À flor que morou em minha casa e que me comoveu com suas histórias. Com alguma idade, ela caiu e fraturou a bacia. Cuidamos dela com todo o carinho. Era nossa criança frágil com seus setenta e tantos anos. Seus chás não conseguiam cicatrizar as suas feridas, mas ela resistia, reclamando pouco ou quase nada. Uma vez, ela veio com minha mãe ficar um tempo comigo em São Paulo. Ela, as muletas, o andador e o nosso carinho. Preferia ficar em casa a sair na cidade grande. Brincávamos com ela falando da ausência de quintal. Eu já lhe falei do meu medo de quintal. No quintal, moravam as bruxas que ela criava. E, para mim, ela era uma mulher poderosíssima porque não tinha medo de ir ao quintal à noite. Só alguém com muito poder tem essa coragem. Agora, a corajosa Rosa olhava pela janela os carros que iam e vinham na cidade grande. Não falava muito dos vizinhos nem tentava inventar histórias. Gostava de novelas, mas reclamava de alguns desfechos que não achava certos. Ainda se assustava com o artista cujo personagem morria em uma novela e aparecia em outra; naturalmente, como outro personagem. Gostava de café. E demorava tomando café. Não precisava mais cuidar da limpeza da casa, não preparava a comida. Tinha tempo para olhar a vida pela janela e tempo para ouvir as minhas histórias de sala de aula.

Durante essa sua temporada em São Paulo, fui com minha mãe ao cinema. Quando voltamos, minha mãe estava reclamando que não havia entendido, que as letrinhas que passavam embaixo eram muito rápidas, que o som era muito alto. E Rosa resmungou: "essa aí (minha mãe) reclamando e eu que nunca na vida fui ao cinema". Rosa falava sozinha com frequência. Fazia companhia a ela mesma. Contava e ouvia histórias. Ralhava com alguma notícia da televisão.

Tive certa vergonha em não tê-la convidado para o cinema. Juntos há tanto tempo e nunca imaginei se ela tinha ido ou não ao cinema, se gostaria de ir. Convidei:

— Vamos ao cinema comigo?

Ela não titubeou:

— De jeito nenhum.

— Por quê?

— Não gosto de sair de casa. Estou bem aqui.

Apelei:

— Poxa, eu não queria ir sozinho.

— Leva sua mãe, que nasceu para reclamar.

Inventei:

— Ela não quer ir. Vai almoçar na casa do meu tio.

— Sei, essa gente adora comer.

Rosa brigava com minha mãe com a maior naturalidade. Ela se sentia com mais direitos sobre o meu pai.

— Eu conheci primeiro.

Eram brigas engraçadas pelas razões mais simples. Ela contava que meu pai teve uma namorada muita entojada (termos dela). E que um dia disse que o café estava muito quente e ela imediatamente ofereceu uma pedra de gelo. Sua irreverência era cativante. Uma irreverência protetora. E fomos ao cinema. E minha mãe foi junto e mais outras pessoas. Ela se esqueceu de que eu tinha dito que não teria companhia.

Fomos assistir a um filme nacional, sem legendas, naturalmente. Ela foi de andador, com passos lentos. Ficou assustada com o tamanho da tela. Viu todo o filme com tamanha emoção.

Amigo, durante quase todos os seus últimos dias, ela falou do cinema. Meu Deus, como é simples trazer alegria às pessoas que estão ao nosso lado. É que às vezes não reparamos nos seus sonhos. Nunca iria imaginar que a Rosa jamais havia ido a um cinema. Talvez a responsável fosse a minha memória de ouvir dela tramas cinematográficas no calor do fogão a lenha. Ela está enterrada junto com a minha família. Numa sepultura ao lado dos meus avós, que tanto a amaram, do meu pai, e dos meus irmãos, filhos seus também.

Relembro essas histórias pensando nas suas canções e nas canções que você tão bem empresta à interpretação poética como em "Vida", de Rosa Girón (música de Mariano Pérez, versão em português de Claudio Rabello):

Pelos bancos desses parques ninguém se toca sem perceber
Que onde o sol se esconde o horizonte tenta dizer
Que há sempre um novo dia, a cada dia, em cada ser

E que o novo dia faz parte dessa trama e desse ritual que é estar vivo.

E dar as mãos, e dar de si, além do próprio gesto
E descobrir feliz que o amor esconde outro universo

Meu amigo, vou me despedindo com essa oração. Dar as mãos, apesar do suor e do cansaço, apesar dos calos que incomodam, ainda é a melhor saída.

Dar de si sem exigir nada do outro *é descobrir feliz que o amor esconde outro universo*. Sem querer que o outro venha pedir desculpa primeiro, para que eu me sinta um vencedor. Não podemos perder tempo com bobagens. O orgulho é um muro desnecessário. Quantos casais vão dormir sem se falar, um desejoso de que o outro dê o primeiro passo. Quantos amigos perdem tempo com pausas causadas por faíscas na relação. Vizinhos que ficam anos sem conversar porque no calor de algum desejo a razão se perdeu.

"A vida é curta demais para ser pequena" (Benjamin Disraelli). Perceber isso exige tocar no coração das pessoas, o que é um exercício cotidiano. Talvez não tenhamos forças, sozinhos, para vencer diante de tantos que não acreditam mais no amor ou na solidariedade. As maldades, as injustiças vão calejando os nossos sentimentos. E isso não é bom. Mas, voltando a "Vida", de Rosa Girón.

Talvez quem sabe por esta cidade passe um anjo
E por encanto abra suas asas sobre os homens
E dê vontade de se dar aos outros sem medida
A qualidade de poder viver
Vida, vida.

Obrigado amigo por essas partilhas. Espero que esta carta o encontre tecendo novos retalhos. Há muita gente precisando de coberta.

Com todo o meu carinho,

GABRIEL

Sexta carta

Meu amigo Gabriel,

Obrigado pela chuva mansa que suas palavras representaram no meu fim de tarde, momento em que meus olhos puderam ver as iluminuras de seus escritos. A cada nova carta eu me convenço. A palavra é guardiã da verdade. Ainda que de forma limitada e imperfeita, ela sempre poderá nos encaminhar ao conhecimento dos segredos do mundo.

Suas cartas funcionam como chaves. Abrem quartos escuros de minha morada interior, lugar que suas memórias iluminam e que me fazem retomar, trazer à consciência. Processo maiêutico que faz vir à luz o que em mim insistia em permanecer velado, não nascido.

Gabriel, a vida só tem sentido se tocarmos o coração das pessoas. Toque que identifica o elo que nos congrega à grande corrente que pode amarrar o mundo em significados nobres, felizes. Toque que nos aproxima da missão de redimir os sofrimentos que funcionam como obstáculos que ofuscam e impedem a realização humana.

Estou convencido de que esse é o código que diferencia um ser humano de todos os outros. Esse é o fator que determina a qualidade de nossa atuação humana. Esse é fator que especifica o valor social de uma pessoa no contexto em que está inserida. O quanto ela é capaz de influenciar a sociedade de seu tempo.

É verdade. Um ser humano só pode ser verdadeiramente grande se for capaz de tocar o coração das pessoas. Gosto dessa metáfora. Coração é a expressão que nos recorda o motor que nos move. Nossa cultura compreende o coração como lugar onde a vida é decidida. Amplio a metáfora. Ousaria dizer que a vida só tem sentido se vivermos para tocar o coração e a mentalidade das pessoas.

Não me coloco à parte, como se não estivesse também necessitado de ser tocado. Não me interpreto como pronto, portador de autoridade que me coloca acima das pessoas. Não, mas ao contrário. Tenho sempre o cuidado de compreender-me a partir dos limites que tenho. Não sou melhor que ninguém. Apenas exerço um ministério que me confere uma autoridade a mais. Ministério que me configura a vida de Cristo e que me faz participar diretamente de seu caráter redentor.

Falo como homem que crê no Evangelho, como ser que um dia foi tocado pela força das palavras de Jesus, e nelas reconheceu a verdade que pode transformar as estruturas humanas. As palavras de Jesus se desdobram em tantas outras. Simbiose que reconheço nos versos de Adélia Prado, a mineira sensível que faz literatura a partir do cotidiano. Descobre os rastros de Deus em saias rodadas, ovos nos galinheiros, fogões de lenha onde fumega uma chaleira colmada de significados profundos.

Tenho um coração sem cercas. A beleza da vida me afeta sem restrições. Sou um território que não se nega a receber a poesia. É assim que me percebo sendo tocado no coração. A palavra tem peso na minha vida. Desde criança fui assim.

A cada livro desvendado um novo tempo era inaugurado dentro de mim. Sou eternamente grato aos escritores que me construíram. Gente de quem nunca cruzei o caminho real, mas que entrou pelos corredores da minha vida. Gente que tocou o meu coração.

Em Jesus eu descobri a ética e a estética. Nele, o abraço dessas duas realidades está realizado. Jesus reuniu a beleza e a bondade numa mesma sala. O seu discurso é belo, mas só é belo porque sugere bondade. Os gestos de Jesus são naturalmente poéticos. Nele prevalecia uma sensibilidade rara. Suas palavras tão práticas iam além. A simbologia de seus gestos nos aponta para uma postura reconciliadora, na qual a caridade não suplanta nem desconsidera a parúsia. O céu começa nas pedras. O amor fraterno não se prende aos atos humanos, mas sugere uma continuidade eterna, coisa de quem sabe que a materialidade da vida não esgota os seus significados.

Jesus é a matriz. Eu sou filial. Tenho consciência que minha palavra é mero desdobramento do que Ele disse. Tento ser fiel ao Deus que me inspira. Eu não inventei nada. Apenas coloco a minha humanidade a serviço dessa verdade maior. O valor que me move é muito maior que eu. Creio verdadeiramente no poder transformador desse valor. Creio firmemente que a proposta de Jesus, quando assumida e encarnada de maneira mística e histórica, é um instrumental eficaz para que o mundo volte a se aproximar da harmonia inicial que as Sagradas Escrituras nos sugerem.

É fascinante perceber a capacidade que Jesus tinha de tocar as pessoas. Os relatos evangélicos nos revelam isso. Ele atraía multidões. Portava um discurso que era capaz de curar as dores do corpo e da alma. Redenção completa, sem reduções, sem alienações. A totalidade da vida humana como pauta. A vida vivida, sofrida e experimentada na crueza do cotidiano era a matéria-prima de sua fala. Por isso a sua fala era tão atraente. Ela nascia da realidade. Tocava o coração das pessoas.

Gabriel, nas minhas andanças pelo mundo eu tenho encontrado muita gente necessitada de ser tocada de um jeito certo. Não podemos mais admitir que o discurso religioso continue sendo usado de maneira tão equivocada e absurda. Não é possível viver as esperanças do céu sem as responsabilidades da terra. Religião que não transforma a realidade humana é alienação. A preservação do mistério, elemento fundamental para o discurso religioso, não pode estar desvinculada das responsabilidades históricas. O Deus a quem reverenciamos precisa entrar na história através de nós. Somos os braços humanos de Deus. Ele terá chance de agir no mundo à medida que nos colocarmos à frente de seus projetos. As religiões são caminhos que queremos levar ao conhecimento desses projetos. Elas procuram nos aproximar da Revelação divina. Cada um, ao seu modo, faz o seu caminho.

O importante é que todos nós estejamos empenhados na promoção da justiça, da verdade e da vida. Empenhados na construção de um mundo mais fraterno, mais harmonioso, mais feliz. Empenhados em destruir a corrente do mal que insiste em prevalecer entre nós.

Meu amigo, o mal cresce de forma assustadora pelos quatro cantos do mundo. Como? Alguém o ensina. Alguém o promove. Esse crescimento passa pelas escolhas que fazemos. O ser humano é o lugar onde o mal se concretiza. Não estou interessado em fazer aqui uma reflexão sobre a origem do mal. Não, não quero me delongar com uma questão tão complexa e sugestiva. Eu apenas me limito a olhar para o fato inegável de que o mal nos esbarra o tempo todo.

Vez em quando encontro pessoas que foram destruídas por causa da maldade de seus inimigos. É assustador. Ver de perto as consequências de uma inveja não administrada, de um ciúme fora de controle. Ver pessoas articulando a queda de outras pessoas, tendo como único objetivo não permitir que elas avancem, que elas cresçam, que prevaleçam. Não permitir que elas sejam bem-sucedidas, pois temem que venham a ofuscá-las.

Recordo-me de uma conversa que tivemos, em que você me relatou um de seus encontros com dom Orani, homem sábio e profundo que está comandando de forma brilhante a arquidiocese do Rio de Janeiro. Ele lhe disse que para resistir ao mal é preciso criar imunidade. Ele tem razão. Assim como a vacina é buscada para bloquear a força devastadora do vírus, é preciso descobrir um jeito de ficarmos imunes ao poder destruidor do mal.

Não é fácil, meu caro amigo. Hoje a maldade tem armas poderosas. A internet é uma delas. O anonimato da virtualidade parece fomentar coragem. As pessoas deixam vir à tona o que possuem de pior. Falam o que não sabem. Falam descompromissadas com a verdade. Banalizam o que para o outro é sagrado. Inventam, caluniam, agridem, espezinham.

O mal tem muitas faces. Ele é sedutor. É engraçado. O mal é debochado. Utiliza-se das fragilidades humanas e nelas faz o seu ninho. É a partir delas que ele cresce, ganha corpo e se multiplica.

Gabriel, não sou maniqueísta. Não compreendo o mundo a partir dessa linha imaginária que o divide entre bem e mal. Essa divisão não corresponde ao que a minha experiência me revelou. O que tenho do mundo é sua concretude, o seu peso existencial a me afetar o tempo todo. O mal está por toda parte, mas o bem também está. Por vezes só o bem prevalece. Por vezes só o mal. Tudo depende do que vamos deixar crescer. É assim que ganhamos. É assim que perdemos. Ganhamos não só como indivíduos, mas como coletividade. O bem que toca os que estão ao meu lado também repercute em mim.

A vida é real. Não estou imerso numa atmosfera de sonho. As janelas de minha casa não possuem filtros. É através delas que olho a minha cidade. Vejo belezas e feiuras. Estão todas no mesmo ângulo de visão. O desafio é fazer o olhar demorar no detalhe que o descansa. Ele não desconsidera a imperfeição existente, mas seleciona o ponto que o fará interpretar o todo.

Meu amigo, o marido que fazia semanalmente a aferição do percentual de gordura da esposa precisa aprender essa regra. Só é possível amar a rosa se considerar os espinhos que ela carrega. Amor que não considera defeitos? Acho que não é amor. Só o amor nos possibilita conviver com estes contrários. O corpo já não tem o mesmo viço do passado, mas só ele resguarda as memórias que nos recordam quem somos nós. Este é um fator determinante. Quem ama não vai embora, mas fica para receber, junto à criatura amada, a tarde que cairá.

Em sua carta você mencionou a importância de se ter uma família nos dias de hoje. Concordo com você. O lar é a primeira hermenêutica que fazemos do mundo. A família é o primeiro toque que recebemos no coração. Ele será definitivo. Acompanhará o nosso desenvolvimento humano. Será uma marca indelével.

Gabriel, a marca que recebemos em nossa casa é bastante determinante para a consolidação de nosso caráter. Por isso precisamos retomar essa responsabilidade. A negligência dos pais é extremamente danosa para o futuro de uma criança. É nesses descuidos que o mal encontra espaço para lançar suas raízes. Um ser humano mal orientado é um território fácil para que os avessos monstruosos do mundo prevaleçam.

Tenho pedido muito a Deus o dom de perceber o momento em que a semente do mal venha cair na minha terra, ou nos territórios que me rodeiam. Quero ser vigilante. É assim que cumpro minha parte no pacto que fiz com Deus. Por vezes consigo, por vezes não. O fundamental é não desistir. Ter consciência do processo é tão importante quanto chegar ao fim.

É como você bem disse sobre a arte de saber viajar. A viagem começa no momento em que decidimos ir. A beleza do que nos espera já se antecipa no desejo que nos faz arrumar as malas.

Eu decidi viver assim. As malas estão sempre prontas. Quando eu percebo que a vida me chama, não penso duas vezes. Eu vou.

Venha comigo.

Com meu carinho e bênção,

Pe. Fábio de Melo

Sétima carta

Querido padre Fábio,

Viajar é bom demais quando se tem na mente e no coração a certeza de que nossos olhares vão preservando espetáculos da vida em ebulição. E quando retornamos, e retornar é essencial, de nossa janela, como bem você escreveu, diante de um entardecer chuvoso ou ensolarado, frio ou não, somos capazes de trazer a memória para conversar conosco. E conversamos o tempo necessário para que as tormentas se dissipem e a calmaria nos acompanhe na pausa do anoitecer.

Em sua carta, você faz uma homenagem à palavra – a guardiã da verdade. E, ao mesmo tempo, traz uma constatação tão triste em um mundo que quer diminuir as fronteiras. Por um prazer macabro, tacanho, utilizamos pessoas para o deboche, a fofoca, a maledicência, como se o outro fosse um personagem sem história nem sentimento. Focamos o fato, não a vida. E focamos o fato do jeito maldoso, do jeito que nos permite exibir a miséria humana. E parece que isso nos diverte. Ledo engano, amigo. Infelizes são aqueles que passam a travessia a desconstruir a imagem alheia. Vivem de restos de destruição. Não há escultura nova, nem material novo colhido de impressões de cenários espetaculares de viagens ou de suas janelas. Tempo precioso desperdiçado com prontidão para a guerra. Guerra tosca, tola. Guerra contra alguém que tem alguma visibilidade e cujos talentos estão a serviço desse bom e desse belo. A simbiose está, como você disse, no discurso e na prática de Jesus. Quanta beleza em Suas histórias, em Seu repertório! Quanta bondade em Suas ações!

Sei, amigo, que proliferam acusadores de plantão em cujas janelas há vidraças sujas. O vidro imundo impede um olhar verdadeiro para quem passa por perto ou por longe. É só sujeira. Pena. Se ao menos abrissem a janela!

Fiquei pensando nas expressões de sua carta, "tenho um coração sem cercas"... Na carta anterior, você convidou Cecília para falar de liberdade. Um coração sem cercas é como uma janela limpa. É como um viajante de boas intenções ou como uma pessoa de boa vontade.

Uma pessoa de boa vontade vai sendo construída aos poucos.

> Ninguém nasce odiando outra pessoa pela cor de sua pele, por sua origem ou ainda por sua religião. Para odiar as pessoas precisam aprender e, se podem aprender a odiar, podem ser ensinadas a amar.

Esse ensinamento de Mandela sintetiza o bom e o belo de que tanto falamos. Esse homem ficou preso durante quase trinta anos. Em uma cela muito pequena. Nos momentos mais difíceis daquele quarto sem janelas, a luz entrava pela poesia que o acompanhava. Sofreu certamente pela consciência da injustiça, pela certeza de que seu povo também sofria. Saiu liberto da prisão e decidiu que sua alma não seria aprisionada. A prisão não teria o poder de continuar com ele. Era um momento novo, o momento da tão sonhada liberdade. Livrou-se dos sentimentos de ódio e de vingança e continuou a sua jornada. Eleito presidente da República de seu país, teve de amenizar o desejo que seu povo tinha de mostrar aos brancos o que é o sofrimento. Mandela venceu disposto a acabar com as guerras entre brancos e negros. Sabia que, caso se vingasse dos brancos, um dia um branco voltaria para se vingar dos negros e essa desfaçatez não teria mais fim. Era preciso unir. Era preciso perdoar verdadeiramente. E foi assim que a África do Sul começou a construir uma nova história. Certa feita, perguntaram a um de seus seguranças como era trabalhar com Mandela. Ele, que já tinha servido a outros líderes, respondeu: "Com Mandela, nós não somos invisíveis; o outro nem sabia o meu nome". Prosseguiu afirmando que Mandela sabia, além do nome, o nome de seus familiares e até o chá que ele gostava de tomar.

Querido amigo, são pessoas assim que nos impulsionam a prosseguir enxergando o outro. Esses são os verdadeiros líderes. Chegar ao poder é um detalhe. Muitos chegam por razões que inclusive independem de talento. Compram o voto. Mentem. Enganam. Herdam o poder em famílias que perpetuam as tramas do engodo. Mas chegam ao poder. E então? Agem como se donos fossem do poder que usurparam. O líder não é assim. O líder tem a consciência do seu papel de exemplo, de servidor de aspirações construídas coletivamente. Seja o líder um presidente da República ou um pai de família. Seja o líder um executivo ou um professor. Lideramos pessoas e processos. E, por isso, temos a responsabilidade de harmonizar os nossos sentimentos e as nossas relações.

Quando fui secretário de Educação do estado de São Paulo, tive a responsabilidade de administrar uma das maiores redes públicas do mundo. Na época, eram quase 6 milhões de alunos, 300 mil funcionários, um orçamento de quase 15 bilhões de reais. Você me acompanhou em alguns encontros com os professores. Entrei e saí da Secretaria com as mesmas atitudes. Graças a Deus o poder nunca me deslumbrou. Conheci secretários de Estado que entraram em depressão, e alguns que nunca mais se reconstruíram depois que deixaram os seus cargos. Isso acontece em empresas também. Acontece com artistas, jogadores de futebol, celebridades construídas e destruídas pela mídia. No dia em que aparecem outros produtos, aqueles se tornam descartáveis. Esse é o mundo real, amigo. Usa-se e joga-se fora. Perdeu o sabor de novidade, é preciso buscar outro chamariz de fofocas e comentários. Isso acontece com casais também. O outro perdeu o sabor de novidade e então aventuras novas aquecerão o doentio desejo de exibir uma nova conquista. Doentio porque essas relações estão fadadas ao fracasso. Fracassamos quando desumanizamos as relações. Em outras palavras, quando deixamos de ter compaixão. Colocar-se no lugar do outro é regra de ouro da ética. Gostaríamos que nos tratassem da forma como estamos tratando o outro? Gostaria que tivessem comigo a mesma atitude que estou tendo?

Amigo, quando enxergamos o poder como um processo necessário de serviço, nossa missão se engrandece. Mudamos de função, mas não perdemos o sabor do êxtase diante da chuva mansa do fim de tarde. Você disse de dom Orani, que admiramos tanto. Recentemente, conversando com dom Angélico e falando sobre o fato de os bispos se tornarem eméritos aos 75 anos, questionei se não era cedo demais. Ele não titubeou. A vida vai sendo reinventada. Ele continuava sendo sacerdote do seu povo com a mesma alegria e disposição de sua ordenação sacerdotal. Um bispo não perde o poder aos 75 anos, muda de atividade. Um jogador não perde o poder quando deixa os campos, ganha novas expressões de vida. Um executivo que deixa o comando de uma empresa pode servir em outra frente. Assim também um governante. Ganhamos quando temos a certeza de que, apesar das imperfeições, cumprimos um papel. Perdemos quando sonhamos pouco com os outros e muito com o significado do transitório. É preciso sonhar com o essencial. Somos mais do que os cargos que ocupamos. Somos mais do que os aplausos que recebemos.

Cristo não se contentou com os aplausos. Agradeceu. Mas não se tornou refém deles. Não aceitou a tentação de dominar o mundo, como queria o tentador. Seu domínio era outro. O domínio do amor. A construção da civilização do bem passa pela construção de um ser humano equilibrado. Mandela poderia sair destruindo os seus destruidores. Teria razões, até, para isso, no olhar apressado de alguns partidários. Precisou ir além. Convencer a si mesmo e aos seus de que janelas sujas enfeiam a paisagem. E o ódio é sujeira. Vingança também.

Em filmes, é comum a plateia torcer para que o vencedor destrua o perdedor. Nada de comiseração. O líder tem de tomar cuidado com essas torcidas. Os mesmos que apelam para a impiedade, amanhã recriminarão a ausência de virtudes. Vêm à minha mente as palavras pessimistas de "Versos íntimos", do grande poeta Augusto dos Anjos, sobre o destino da humanidade:

Acostuma-te à lama que te espera!
O Homem, que, nessa terra miserável!
Mora, entre feras, sente inevitável
Necessidade de também ser fera.

Toma um fósforo. Acende teu cigarro!
O beijo, amigo, é a véspera do escarro,
A mão que afaga é a mesma que apedreja.

É preciso tomar cuidado com a cegueira provocada pelos aplausos. É preciso ser bom para ignorar a fera que insiste em nos invadir. A vitória é muito maior do que isso. Os instantes não têm a consistência dos sonhos. Têm talvez o poder de perturbá-los, mas não têm o poder de substituí-los. Os instantes ganham mais poder com a ausência de sonhos. E essa é uma grande derrota. Se Mandela não tivesse sonhos, os seus instantes de poder poderiam ser de vingança, de fera ou de exibicionismo. Parece sedutor demonstrar o poder destruindo o inimigo. Volto aos aplausos. E insisto na efemeridade dos mesmos.

Como professor de Direito, ensino aos meus alunos que advogados não podem mentir, não podem comprar testemunhas, não podem criar fatos inexistentes. Podem e devem argumentar. Insisto ainda que vencer uma causa não significa construir uma carreira vitoriosa. A vitória no exercício de uma profissão nascida para a defesa do direito é o sonho e a cotidianidade do Direito. É deitar para dormir e continuar sonhando com o Direito. E se, porventura, surgir a dúvida ou a certeza de que se está nadando contra a correnteza, ótimo; nadar contra a correnteza fortalece os músculos da honradez.

E como é bom, amigo, poder olhar para os filhos sem disfarces! Como é bom não precisar esconder os métodos espúrios que permitiram a suposta vitória! O jornalista que forja uma manchete pode até ganhar aplausos na alta tiragem do seu veículo de informação. Mas perde na conversa estranha com a consciência.

Retorno às palavras do poeta do Mau Gosto, Augusto dos Anjos:

O MORCEGO

Meia-noite. Ao meu quarto me recolho.
Meu Deus! E este morcego! E, agora, vede:
Na bruta ardência orgânica da sede,
Morde-me a goela ígneo e escaldante molho.

"Vou mandar levantar outra parede..."
— Digo. Ergo-me a tremer. Fecho o ferrolho
E olho o teto. E vejo-o ainda, igual a um olho,
Circularmente sobre a minha rede!

Pego de um pau. Esforços faço. Chego
A tocá-lo. Minh'alma se concentra.
Que ventre produziu tão feio parto?!

A Consciência Humana é este morcego!
Por mais que a gente faça, à noite, ele entra
Imperceptivelmente em nosso quarto!

Então, inquieto-me: mas vale a pena? Vale a pena jogar lama no outro por algum quinhão a mais? E não ficam sujas as mãos que jogam lama? Não estou dizendo que não se devem mostrar os fatos, estou falando em estratégias mentirosas ou apressadas que roubam a beleza da palavra construída com cuidado. É o que você disse da palavra, a guardiã da verdade. Fora aqueles que recebem vantagens para destruir o adversário do dono do poder ou do dinheiro ou do que se julga o dono do mundo! Na política, isso infelizmente vem acontecendo com frequência. São os que agem no subsolo. Não aparecem, mas pagam para que outros atirem as pedras. E assistem à destruição do perdedor. E se enchem de satisfação pelo estrago que conseguiram causar, sorrindo. Sorriso falso é feio. E a satisfação é provisória. Não acredito que exista ser humano que sobreviva da destruição do outro como não acredito em morcegos que, para viver, têm de sugar o sangue alheio. Acreditar nisso é desacreditar na humanidade. Mesmo sabendo que há gente por aí que age dessa maneira, volto aos músculos fortalecidos por nadar contra a correnteza. Se há sujeira, limpemos. A sujeira foi feita. O mundo nasceu limpo.

Na sociedade apressada em que vivemos, as cobranças escondem um valor tão bonito quanto necessário que é o valor da cooperação. Se eu estou pronto para competir e vencer, dificilmente estou pronto para olhar ao lado. É uma carnificina que exala um odor desagradável. O sangue das arenas dos gladiadores continua incomodando na guerra urbana que se trava com tamanha crueldade. Que história é essa de o pai querer que o filho seja o melhor em tudo? Que história é essa de a mãe exibir o filho como o vencedor e olhar para o resto (é exatamente esta palavra – resto) como perdedor? E surgem as cobranças e as mentiras. Os filhos vão mentindo para mostrar que, de fato, continuam no topo destinado aos que triunfam. E querem aplausos ou presentes ou mais dinheiro ou permissão para continuar exalando o cheiro da arrogância. Aprenderam a odiar, que pena. Poderiam ter aprendido a amar.

Alguns poderão imaginar que falamos de cidades ou sociedades imaginárias. Não, amigo. Falamos do cotidiano. E é nesse cotidiano que é possível viver de forma cooperativa. É possível construir uma vida vitoriosa sem pisar ou pesar sobre o outro, repito. Gosto dessa brincadeira de palavras. Já usei inclusive em alguns poemas que ouso rabiscar. Pisar ou pesar são típicos de pessoas que aprenderam a usar o traje da arrogância e do egoísmo. Os pais não podem educar os filhos como se os filhos fossem os únicos no mundo. É na divisão da refeição que se ensina a deixar ao outro uma parte daquilo que me daria prazer.

Não poucas vezes, vi crianças na rua pegando um pedaço de pão e indo dividir com o irmão menor que não conseguiu chegar até a fila da distribuição; e não poucas vezes também, vi em casas abastadas crianças comendo em excesso com medo de que não sobrasse para si mesmas. Pessoas enchendo o prato da comida de que mais gostam sem se importar com a comida de que o outro gosta. "Gosto muito de peixe, vocês comem outra coisa, não é?" Não. Não é assim que se convive em sociedade. Pode ser que outra pessoa também goste de peixe. Um pouco para cada um. Parece um detalhe, mas é nos detalhes que se forja um caráter. O menino mimado que grita com a babá e que dá ordens e que provoca riso dos pais é um menino que está sendo construído "torto". E há pai que tem a pachorra de dizer: "viu como ele tem personalidade?!" Isso não é personalidade! É falta de educação, falta de respeito.

Vamos ensinar a amar, padre Fábio. Nas canções e nas orações. Nas pregações e nas ações. Na rima rica da vida. Vamos mostrar que o Cristo que amamos é o sinal dos tempos que sonhamos. É a Sua doutrina e a Sua vida que nos inspiram. Sem regras mesquinhas, amigo. Sem exclusões. Ou melhor, excluindo o ódio, a prepotência, a cegueira da alma.

Você iniciou a sua carta em um entardecer chuvoso, eu termino a minha em um amanhecer ensolarado. O que é mais bonito? O entardecer ou o amanhecer? A chuva ou o sol? Quanta tolice querer comparar, não é? Por que temos de escolher o vencedor? O mais bonito? O mais inteligente? O mais perfeito? Em competições esportivas, podemos aplaudir o vencedor. Em festivais de arte, também. Venceram uma etapa. E merecem reconhecimento pelo esforço e determinação. Isso, sim. Um dia chuvoso após um longo período de seca é muito bem recebido. Um dia ensolarado depois de uma chuva intermitente acalma a nossa ansiedade. Ora a chuva poetiza a vida, ora o sol. Às vezes brincam de chegar juntos. Às vezes, trazem o arco-íris para complementar o espetáculo. E vão embora. E ficam em nós.

Aceito seu convite para a viagem. E o convido para descansar na minha janela. Às vezes, será bom conversarmos; outras, será bom, em silêncio, contemplarmos a chuva ou o sol. Esperar o tempo do sol se despedindo. E comentar sobre sua beleza. Ou não. Basta um olhar e se percebe que o espetáculo repetido tantas vezes não se repetiu. É a unicidade da natureza. Sempre a mesma. Sempre diferente. Paradoxos poéticos que desafiam os que têm olhos de ver. Os que têm ouvidos de ouvir. Os que têm sentimentos a sentir. E os que não têm? Todos têm. Podem não saber, mas que têm, têm.

Repitamos essa partilha da escrita e os sentimentos de ternura que nos unem serão sempre novos.

Como falei muito em Nelson Mandela, partilho com você, no final desta prosa, o poema de William Ernest Henley (em tradução de Renato Marques de Oliveira) que o acalentou nas noites frias da prisão:

Invictus

Do breu da noite que não se dissolve
A me envolver em nuvem negra,
A qualquer deus — se algum me ouve,
Agradeço por minha alma que não se verga.

Fustigado pelas garras do acaso,
Nunca lamentei, não esmoreceu minha fé.
Sob os golpes fortuitos do descaso,
Trago a cabeça em sangue, mas ainda de pé.

Além deste lugar de ira e ranger de dentes
Só se vê o Horror de sombras silentes;
Mas a ameaça do Tempo, que nunca recua,
Não me amedronta, nem me acua.

Embora estreito o portão, sigo adiante,
Mesmo tendo ao lado o castigo e o desatino,
Da minha alma eu sou o comandante;
Eu sou o senhor do meu destino.

Obedeçamos ao poeta, sejamos mestres do nosso destino e comandantes da nossa alma. Quem sabe assim, libertos de alguma prisão, sejamos capazes de perdoar quem, ignorante, nos aprisionou. Sejamos mestres do nosso destino e comandantes da nossa alma. O futuro existe!

Com o meu carinho de irmão,

GABRIEL

Oitava carta

Meu querido Gabriel,

É com renovada satisfação que continuo lhe recebendo em meu vagão de viagem. A cada carta, tenho a grata sensação de avançar mais uma estação na estrada da vida.

Meu amigo, a cada dia eu me convenço de que só é possível crescer à medida que saímos de nós. O encontro nos favorece a troca de experiências. A partir delas nós repensamos o resultado da vida que vivemos. E assim vamos avançando, quebrando paradigmas, abrindo novas possibilidades para a interpretação que fazemos de nós e do mundo em que vivemos.

Os versos de William Ernest Henley são interessantes. É a partir deles que reinterpreto a minha sede de autonomia. A Teologia me ensinou que um ser humano só pode alcançar a inteireza do que é à medida que se possui. Nascemos indivíduos. Só podemos nos tornar pessoas à medida que nos exercitamos na edificação dos dois pilares: posse de si e disposição ao outro.

Acho interessante. Só pode se oferecer verdadeiramente aquele que já dispõe de si. Instigante forma de interpretar a autonomia. A Antropologia Cristã situa o conceito de pessoa a partir destes dois pilares. Ser pessoa é estar na posse do que se é, oferecendo-se aos outros. Essa oferenda fomenta a fraternidade, gera realização, transforma o mundo.

Os versos de Henley parecem mergulhados num contexto de subversão. Parecem nascidos de um coração que viu de perto os terrores da privação. A alma agora "que não se verga" parece cansada de enganos e cativeiros. Eu compreendo. A agressividade de uma resposta costuma estar diretamente ligada à crueldade velada da pergunta. Vejo isso pelas minhas andanças. Os ateus mais agressivos que encontrei nasceram de sensibilidades feridas. Os criminosos também. Há sempre um fato determinante, de fundo, velado, gerando a resposta aparentemente incoerente. A verdade é que ninguém é por acaso.

Ao ler os versos de Henley, outra impressão eu não tive. A beleza das palavras não oculta os motivos tristes que o levaram a desejar tanta autonomia. O poeta, na tentativa de tentar se possuir, resolve fechar as portas para a possibilidade de ser conquistado. Os seus versos nos dão a entender que o tempo do poema é antecedido por um contexto de cativeiro. Por isso ele se reveste de uma couraça. A proteção só tem um objetivo: evitar qualquer forma de derrota. O medo de perder lhe fechou para a possibilidade de ganhar.

É provável que ele tenha perdido muito na vida. Perdeu sem enxergar o ganho que costuma morar no avesso da perda. Perdeu demais. Perdeu mais do que deveria. Perdeu tanto que desaprendeu de ganhar. Diante do desaprendizado só há uma possibilidade: fechar todas as aberturas. Viver ensimesmado é uma estratégia. Tentativa de cessar as perdas. É como se o isolamento fosse capaz de paralisar o nascimento das desarmonias do mundo.

Gabriel, pude acompanhar de perto a história de um rapaz que sofria deste mesmo mal. Eu o conheci por ocasião de um congresso no interior de Minas Gerais. Era um dos organizadores. Ele era moço na aparência, mas já tinha o coração envelhecido. Eu fiquei assustado com o tratamento que ele dispensava às pessoas que trabalhavam com ele. Era duro nas pequenas coisas. A expressão sempre sisuda não nos permitia liberdade diante dele. Ele era capaz de inibir os que se aproximavam. Eu procurei controlar os efeitos de sua presença, afinal eu precisava estar bem para realizar o meu trabalho. Ao término do terceiro dia eu já tinha conseguido bons resultados. Consegui ser livre, mesmo tendo seu olhar constantemente pronto para reprovar-me.

Uma semana depois de terminado o congresso, eu recebi um telefonema dele. Disse que gostaria de ter a oportunidade de conversar um pouco mais comigo. Achei estranho, afinal eu tinha passado três dias com ele e o que prevaleceu foi a linguagem técnica que é própria de um organizador que não tem interesse de se envolver com os palestrantes. Marcamos, e ele veio até minha cidade. Durante o almoço, ele resolveu colocar para fora 23 anos de tristeza e abandono vividos ao lado do pai. Contou-me que levou a primeira surra aos dois anos, e que não se recordava de ter recebido um carinho do homem que lhe trouxe ao mundo. A morte da mãe foi o grande divisor de águas. Ele a encontrou com os pulsos cortados quando ainda era um menino de oito anos. Disse que foi a imagem mais triste que seus olhos já puderam enxergar na vida.

Com a morte da mãe, a agressividade do pai se tornou ainda maior. Ele era o filho mais novo da família. Tinha dois irmãos mais velhos. O irmão do meio era excepcional. Vivia trancado em seu mundo. O irmão mais velho era o único que ousava desafiar o tratamento desumano que o pai havia imposto à família. Ousou tanto que perdeu as forças. Enforcou-se no quarto em que estava trancado durante três dias.

O moço me contou tudo com absoluto controle das emoções. A sua fala estava revestida de uma indiferença desconcertante. Contou da mesma forma que dirigia ordens aos seus assistentes durante o congresso. Era como se estivesse provando para si mesmo que a história trágica de sua vida não poderia lhe extrair mais nenhuma dor. A rejeição do pai, a morte da mãe e do irmão eram acontecimentos já distantes, incapazes de lhe provocar reações. Ele havia decidido ser indiferente.

O rosto estoico, sem sorriso, nem lágrima, era o território onde ele demonstrava essa decisão. Depois de tanta dor e rejeição, o rapaz descobriu a indiferença como mecanismo de defesa. Toda vez que seus sentimentos eram ameaçados, tanto para se entristecer quanto se alegrar, ele encontrava na agressividade o escudo para se proteger.

Dotado de uma inteligência aguçada, descobriu nos estudos um lugar seguro para se esconder. Elegeu a filosofia como campo de pesquisa. Descobriu no ateísmo uma maneira confortável de acomodar e justificar suas desesperanças. O pessimismo filosófico serviu-lhe de travesseiro. Fez da descrença a sua crença. Forjou uma resposta que pudesse lhe servir de sustento para os pés, só que essa resposta não conseguiu reabrir o seu coração para a possibilidade de reinterpretar a sua história, e partindo dela reencontrar um lugar sob o sol da alegria.

Gabriel, aquele rapaz havia desaprendido de ser pessoa. Ou então nunca aprendeu. A sua atitude revelava uma insegurança imensa. A voz decidida, firme estava sempre costurada de uma agressividade velada, como se estivesse tentando encobrir uma fragilidade imensa. Ele era portador de um arsenal psíquico, nítido. A arrogância estava nos olhos, mas ao mesmo tempo era possível perceber a solidão que nele estava alojada. É como ver uma casa suntuosa que não tem alicerce. Num primeiro sopro de vento tudo pode vir abaixo. O revestimento das aparências estava a serviço de um menino abandonado, medroso e infeliz. Pelo que pude perceber, ninguém havia quebrado aquela couraça. Ninguém teve acesso ao porão de suas saudades de ausências. Por isso ele não pôde se possuir. Restringiu-se à condição de indivíduo. Faltou a voz que pudesse lhe acordar de sua letargia existencial.

Ele tinha uma mente fria, calculista que certamente foi construída aos poucos, bem aos poucos. Durante toda a nossa conversa pude observar que ele estava sempre pronto para um ataque. Disse que ouviu tudo o que eu havia dito durante o congresso, e que me considerava portador de uma teoria bonita. Eu não quis discutir a sua consideração. Achei que o rapaz não precisava de discussões. O que ele realmente precisava era reencontrar o caminho do colo do pai, o sepulcro da mãe morta. As suas necessidades não seriam sanadas com discursos e argumentos. O que verdadeiramente poderia lhe curar pertence ao contexto das coisas mais simples que na vida podemos receber. E, infelizmente, eu não tive tempo para lhe convencer disso.

Dois meses depois daquele nosso almoço, eu recebi o comunicado de que ele havia sido encontrado morto em seu apartamento. Morreu repetindo o destino do irmão. Enforcou-se. Aos olhos de todos, um absurdo. Como pode querer morrer um rapaz cujo pai havia lhe deixado grande patrimônio? Como pode querer abandonar a vida alguém dotado de tanta inteligência e prestigio intelectual?

Mais tarde eu refleti. Pendurado naquela corda ele estava retratado na coerência que lhe era possível. Ele não aprendeu outro caminho. Desde muito cedo ele começou a receber os gomos da corda que o enforcou. Ele poderia ter feito dos gomos um laço que caracteriza os homens fortes da vida rural. Poderia ter interpretado o avesso de seus prejuízos como lugar de aperfeiçoamento e superação, mas ele não pôde. Ele não conseguiu. Cresceu imerso no contexto da falta, da ausência. Não aprendeu a vida da teoria que me move. É natural que uma pessoa que tenha perdido tanto na vida venha a considerar a esperança uma teoria bonita, e nada mais.

Meu amigo, ganhar e perder são dois lados de um mesmo caminho. A experiência nos ensina. Você falou disso em sua carta. Relembrou o belíssimo testemunho de Mandela, o homem que, diante da possibilidade de ganhar, fazer justiça à sua raça, resolveu lutar para que as diferenças não prevalecessem. Aos olhos incautos, ele perdeu a oportunidade de vingar o sofrimento que ele mesmo carregou na carne. Poderia muito bem ter revidado, criando um regime de governo que desse aos negros a oportunidade de virar o jogo, mas não.

Mandela preferiu ganhar de outro jeito. Iluminou o seu pódio com luzes que não são convencionais. O motivo é simples. Mandela é pessoa. Possui o que é. Administra todos os atributos que lhe são próprios, e por isso é capaz de alcançar as raízes da misericórdia. Ele compreendeu que perdoar é ganhar. O poder que o fascinava não passava pela vingança, nem tampouco estava pautado sobre os princípios mesquinhos da vingança e da revanche.

A história pessoal o encaminhou para uma opção muito mais elaborada de exercício de poder. Mandela aprendeu com a vida. Ao ver de perto a dor que doeu na honra de seu povo, esse homem descobriu que era possível assumir um papel determinante na história da África do Sul. Ele não negligenciou o segundo desdobramento do conceito de pessoa. O primeiro ele já exercia bem. Ele era dono de si. Não estava alienado nas mãos de seus opressores. Não assimilou os sentimentos que justificavam a segregação que o vitimava. Não permitiu que os ódios de seus oponentes encontrassem abrigo em sua alma. Mesmo sendo odiado, nunca permitiu que o ódio achasse repouso em suas entranhas.

Gabriel, só pode resistir ao ódio, sem a ele sucumbir, aquele que se possui. A primeira grande revolução que Mandela precisou realizar foi dentro de si mesmo. Ele foi o primeiro território que necessitou ser conquistado. Tudo mais foi consequência. Governar requer uma boa dose de autocontrole. O bom governante é aquele que é capaz de administrar suas paixões, seus desejos, seus impulsos. Você bem sabe disso. Um homem que não é capaz de administrar a própria natureza humana jamais poderá exercer a administração do bem comum. O desequilíbrio pessoal de um administrado já é um perigo para a sociedade. Muito mais é o desequilíbrio de um administrador.

Muitas guerras nasceram desses desequilíbrios. Muitas outras catástrofes também. A instrumentalização do poder, realizada por pessoas que não estão comprometidas com o bem comum, será sempre um perigo para as sociedades humanas. Mandela é um exemplo vivo de que não precisa ser assim. O homem político precisa redescobrir a função do poder público. Poder é serviço. Quanto maior é o poder atribuído, maior deverá ser a responsabilidade do serviço exercido.

Ao assumir o poder de governar a África do Sul, Mandela ofereceu ao mundo a riqueza insondável de sua humanidade. A postura pacifista assumida extrapolou os limites geográficos de seu país. Ao propor um novo modelo social, onde não prevaleceria a segregação étnica, Mandela enviou flores àqueles que antes lhe enviavam algemas. Ao escolher a não vingança, ele se tornou um sinal de contradição diante dos olhos de crédulos e incrédulos.

O mundo não será mais o mesmo. Mandela se junta aos homens e mulheres que entraram para a história justamente por serem capazes de quebrar os paradigmas de seu tempo.

Meu amigo, o exemplo está posto. O aprendizado está ao nosso alcance. Quando alguém nos magoa, nós só temos duas possibilidades. A vingança ou o perdão. A primeira nos tornará felizes por algumas horas, ou até mesmo por alguns dias. A segunda nos possibilitará uma felicidade que poderá durar a vida inteira.

É interessante, mas é neste ponto que se encontram a vida do jovem rapaz e a de Mandela. Esta é a esquina. Mandela também teve motivos de sobra para pendurar-se numa corda. Mas ele preferiu dar outro destino aos gomos de corda que a vida lhe ofereceu. Ao invés do ódio, o amor. Colocou um filtro sobre a cena de sua vida, da mesma forma que o cineasta escolhe o filtro que colocará nas lentes por onde passará as cenas de seu filme.

O filtro não modifica a realidade, mas permite um jeito interessante de retratá-la.

Meu amigo, a escolha do filtro é determinante para o que conseguimos como resultado final. A vida é dura em todo canto. É dura em mim, é dura em você, é dura em todos nós. O sofrimento é normativo na condição humana. Há sempre uma dor sendo gestada, sendo sofrida em algum canto deste imenso mundo.

Agora, neste instante em que lhe escrevo, e no instante em que me lerá, muitas sensibilidades estão sendo feridas, machucadas. O destino do mundo depende da maneira como essas pessoas reagirão ao que lhes fere. O todo estará fomentado na pequena parte.

Há pessoas que escolhem a vingança. Eu compreendo. Já agi muitas vezes assim. A vingança nos presenteia com uma satisfação temporária. Ela nos faz pensar que a perda diminuiu de tamanho. Ilusão. O que está perdido não pode mais voltar. A vingança não pode apagar as consequências que já ficaram marcadas em nós. Matar o pai não resolveria a solidão do rapaz. Ele sabia disso. Mas o caminho que ele escolheu também não foi capaz de lhe retirar do fosso da rejeição. Fechar-se para o mundo, privando-se da possibilidade de amar e ser amado foi uma forma de se vingar. Optou por um caminho tortuoso, difícil de ser trilhado. O ódio é um sentimento cansativo, pois gera peso para a mente que o administra. A criatura odiada ocupa um espaço imenso na mente que odeia. Ódio é um veneno perigoso que nos mata aos poucos. Sua ação é lenta, mas constante.

Diferente é a experiência do perdão. O perdão consiste numa reconciliação amorosa com os fatos e pessoas que nos machucaram. É um recurso terapêutico, pois através dele nós expulsamos da mente os motivos que nos oprimem. Mandela experimentou o poder libertador que o perdão proporciona. É fácil compreender. Mandela tem vocação para a liberdade. Sabe que a maior de todas as prisões não é aquela que cerceia o corpo e impede o seu deslocamento. A mais sangrenta de todas as prisões é aquela que construímos dentro de nós mesmos. É o lugar onde trancafiamos a vida que não deu certo. É o calabouço onde resguardamos as palavras que nos machucaram, as pessoas que nos feriram. É nessa prisão que fabricamos os ódios que sentimos. É nesse lugar sombrio que nutrimos o sangue que nos assassina. É nele que está o motor que nos move e nos coloca nos braços desumanos da morte.

Meu amigo, o resultado da vida depende de nossas escolhas. Vez em quando eu me percebo diante das esquinas. Duas avenidas estão posicionadas. A da vingança e a do perdão. A avenida que escolhemos trilhar ficará registrada nas memórias de nossa vida. O que somos e seremos depende do caminho escolhido.

Eu continuo desejoso de manter minha alma "conquistável". Peço a Deus que não retire o seu Espírito de mim. É Ele que me ajuda a discernir a natureza dos caminhos. É Ele que me ajuda a decidir o que fazer com o gomo de corda que a vida me oferece a cada dia. Quero viver os versos de William Ernest Henley, mas não quero que essa vivência seja resultado de um revanchismo. Quero que minha radical decisão pela liberdade seja fruto do meu muito amar. Cabeças sangrentas nem sempre estão eretas. O ferimento é justificativa fácil para os que não estão dispostos ao recomeço. Não quero ser assim. Quero curar os meus ferimentos sem a necessidade de nutrir o ódio pelos que me feriram. Essa é uma forma simples e eficaz de beneficiar o mundo com a minha presença.

Gabriel, sei que seu empenho é o mesmo. Conheço muitos de seus valores, mas também suas fragilidades. Vi de perto o seu desejo constante de não permitir que sua alma se rendesse aos motivos de seus ódios. Sua casa é de vidro. Não são poucos os que empunham pedras na direção de suas janelas. Não se preocupe. Haverá sempre uma proteção para aqueles que verdadeiramente estão empenhados na promoção da bondade.

Continue acreditando no poder da palavra que ensina a amar. É através dela que Deus pode alcançar os meninos que ainda não decidiram o destino que darão aos sentimentos que os envolvem. Continue portando a pedagogia que sugere uma paternidade responsável, ensinando que o amor é o melhor caminho para a educação. Se ouvida na hora certa, essa palavra não soará como teoria bonita que não se aplica à realidade vivida. Afinal, ela será ensinada através de atitudes concretas de amor, cuidado e responsabilidade.

Quem sabe assim a corda poderá deixar de ser usada como instrumento de morte e destruição. Eu espero pelo dia em que ela esteja nas mãos de nossos meninos e meninas, e que com ela eles voltem a laçar sonhos, alegrias e futuros promissores.

Com meu carinho e amizade,

Pe. Fábio de Melo

Nona carta

Querido irmão,

Como é bom chegar e encontrar sua carta. E encontrar suas palavras de sabedoria e sensibilidade. A história do jovem mineiro é triste demais. Pena que os gomos da corda não tenham servido para laçar sonhos, alegrias e futuro. O futuro não chegou. A gravidez de um amanhã foi abortada. Sentimentos boicotados. Sofrimentos sofridos. Quantas pessoas padecem por não conseguirem abrir as torneiras da sensibilidade. Vão explodindo pela falta de atitude em dar vazão a esses vulcões que nos habitam. Somos frágeis, sim, amigo. Precisamos de colo e de espaço para chorar os nossos mortos. E de lugar para deixar recostada a dor incômoda. A imagem da mãe deve ter habitado seus conceitos, o sepulcro da mãe não foi sequer revisitado com outras emoções. O pai, cuja rudeza era uma presença incômoda, não deixou espaço para a respiração. Tantas histórias sufocadas. E tudo no espaço sagrado da família.

Otto Lara Resende tem um texto, "Vista cansada", em que ele inicia falando de um escritor que também optou por partir. E depois fala de cenas cotidianas em que as pessoas, de tanto verem as mesmas coisas, já não veem absolutamente nada:

> Você sai todo dia, por exemplo, pela mesma porta. Se alguém lhe perguntar o que é que você vê no seu caminho, você não sabe. De tanto ver, você não vê. Sei de um profissional que passou 32 anos a fio pelo mesmo hall do prédio do seu escritório. Lá estava sempre, pontualíssimo, o mesmo porteiro. Dava-lhe bom-dia e às vezes lhe passava um recado ou uma correspondência. Um dia o porteiro cometeu a descortesia de falecer.
>
> Como era ele? Sua cara? Sua voz? Como se vestia? Não fazia a mínima ideia. Em 32 anos, nunca o viu. Para ser notado, o porteiro teve que morrer. Se um dia no seu lugar estivesse uma girafa, cumprindo o rito, pode ser também que ninguém desse por sua ausência. O hábito suja os olhos e lhes baixa a voltagem. Mas há sempre o que ver. Gente, coisas, bichos. E vemos? Não, não vemos.

Depois de todas essas constatações de que a invisibilidade é mais visível do que se possa imaginar, depois da triste imagem de que uma imagem não faz tanta diferença, termina o texto falando de esperança, falando de criança.

> Uma criança vê o que o adulto não vê. Tem olhos atentos e limpos para o espetáculo do mundo. O poeta é capaz de ver pela primeira vez o que, de fato, ninguém vê. Há pai que nunca viu o próprio filho. Marido que nunca viu a própria mulher, isso existe às pampas. Nossos olhos se gastam no dia a dia, opacos. É por aí que se instala no coração o monstro da indiferença.

Amigo, não podemos permitir que o monstro da indiferença se instale em nossa varanda. Enxergar o outro é essencial para realizarmos os dois pilares que tão brilhantemente você propõe em sua carta: posse de si e disposição para o outro.

Não é fácil tomarmos posse de nós mesmos. Desequilibramo-nos por razões diversas e perdemos o rumo da nossa caminhada. E avançamos na insanidade de destruir caminhadas alheias. E aí ressurgem os sentimentos menores, aqueles que tanto incomodam: inveja, raiva, vingança, arrogância e tantos outros. Chamamos esses desordeiros dos sepulcros que o amor construiu. E novamente teremos de convidar o amor para enterrá-los. Tarefa árdua. Contínua.

Sabe, amigo, um dos momentos em que tive de me fazer forte foi quando, da morte do meu pai, ouvi os lamentos de minha mãe. Você bem conhece a história. Estávamos em um casamento em São Paulo e, depois da celebração, meu pai partiu. Viajamos juntos no carro fúnebre até Cachoeira Paulista, onde ele foi velado e enterrado. Minha mãe pouco falava. Acariciava as minhas mãos e me olhava. Rezamos. Ela entremeava choro com o silêncio e o olhar distante. A memória ia revivendo nela as carícias findas. Depois do sepultamento, minha mãe, em um abraço demorado, partilhou a sua dor:

"Meu filho, o que eu vou fazer agora? Como eu vou entrar no quarto? Sabe, filho, os casais hoje em dia, algumas vezes, dormem separados. Um viaja, o outro não. Eu não sei dormir sozinha. São quarenta anos dormindo com o seu pai. Nunca dormimos separados. Quando eu estive no hospital, ele dormiu comigo. Quando ele esteve, eu dormi com ele. Em nossas viagens, estávamos juntos, sempre. Como eu vou acordar à noite, filho? Você consegue entender? Eu já perdi dois filhos, eu já sequei de tanto chorar. E agora, o seu pai. O meu bom José. Filho, eu não vou aguentar."

Padre, naquele momento eu realmente não tinha nada para dizer. Eu também achava que não iria aguentar. Mas quando fui ouvindo o seu relato puro, verdadeiro, eu fui me fortalecendo. Era em mim que ela tinha de descansar da sua dor. Eu não poderia substituir o seu amado, embora amor sobrasse em nossa relação. O meu papel era outro. Eu não poderia dizer uma frase pronta. Eu tinha de chorar junto, mas de me manter ereto, altivo para que ela soubesse que em hipótese alguma ela tinha secado. As lágrimas haveriam de continuar, mas suas forças seriam regadas pelo amor que eu tinha e tenho para oferecer.

O tempo passou e, hoje, quando ela recosta sua cabeça em mim, eu viajo com a sua história. Ela teria todas as razões para se vestir de um luto fechado, mas preferiu transformar os gomos da corda em laços capazes de alcançar sonhos e alegrias. Cuida de mim como se eu fosse criança ainda, como dona Ana faz com você. Somos as crias carentes de cuidado. Somos os ouvintes de suas repetidas histórias, ainda bem. Deus nos dê o privilégio de ouvir as mesmas histórias centenas de vezes com as vozes aconchegantes de nossas mães. Quando elas adoecem, nós nos tornamos frágeis também. Ouvi de um amigo que perdeu a mãe recentemente a tristeza de um rompimento de anos. Não houve tempo para reconciliações, não houve tempo para limpar a sujeira. Que pena! As mães não são perfeitas, como nós também não somos. As mães são canais que servem ao Grande Reservatório do Amor.

Amigo, quero voltar à história do jovem que partiu prematuramente. A forma com que você o descreveu dá o tom do acorrentamento das reações emocionais. Não há liberdade com tanta sabotagem. Não podemos fechar as cortinas. E quando sentirmos que sozinhos não seremos capazes de remover tantos tecidos, é preciso aceitar ajuda. E é bom que aceitemos ajuda. A humildade nos rouba sorrisos despretensiosos.

Drummond propõe que a "Canção amiga" faça acordar os homens e adormecer as crianças. Acordar os homens para a ação. Adormecer as crianças para a oração, a permanência. Uma canção que embala a infância e a maturidade e que nos convida a jamais abandonar a amizade:

> Eu preparo uma canção
> que faça acordar os homens
> e adormecer as crianças.

Padre Fábio, nossa amizade me traz esse frescor de esperança tão essencial para a vida. Acordar os homens para a ação. Adormecer as crianças para a oração, a permanência. Uma canção que embala a infância e a maturidade e que nos convida a jamais abandonar a amizade. Há outros amigos em nosso vagão. E como isso é reconfortante! Amigos que emprestam suas almofadas para que, nos trechos esburacados da velha ferrovia, aliviemos os solavancos. Amigos que ouvem sem pressa; e que têm pressa em ouvir. Amigos que abrem as cestas e partilham o alimento. E servem, sem economias, e oferecem a palavra quando necessário. Percebem, sem serem requisitados, que o momento é de ajudar. Não poucas vezes, em nossas viagens, você foi ouvinte atento. Em outras, avisou-me dos perigos, mas permitiu que eu experimentasse os riscos da liberdade sem nunca negar o aconchego se algo falhasse. Amigos são assim. Mesmo quando teimamos em entrar na água fria, ficam próximos com as toalhas preparadas e, se necessário, as cobertas. Nada de acusações nem de perseguições. Amigos compreendem que o erro faz parte da apresentação. Aprendemos com os erros e, com os erros, nos compreendemos mais humanos. E aí surgem as opções: a vingança ou o perdão? O retrovisor ou o acelerador?

Lembrei-me de um texto de Gibran Khalil Gibran que sugere: "É belo dar quando solicitado; é mais belo, porém, dar por haver apenas compreendido".

Padre Fábio, agradeço a Deus por tantas pessoas que me acolheram por haver apenas compreendido. Geralmente, lamentamos por aqueles que nos usaram, que nos achincalharam, que injustamente lançaram mão da proximidade para agredir impiedosamente nossa inocência. E isso é real. Não são poucos os que tentam roubar de nós o que de mais bonito temos, nossa crença na vida. Mas não são poucos os que semeiam poesia para que nossos pés não se esfalfem na terra árida.

A poesia tem um poder transformador quando não escondemos os nossos sentimentos nos escombros do nosso medo. A poesia tem uma ação anestésica e ao mesmo tempo cicatrizante. Prepara para o corte e alivia a dor do impacto.

Amigos são poetas da alma. São andarilhos duais, alegres e tristes. São malabaristas e, se necessário, palhaços. Brincam para que o sorriso não se faça de rogado. Testemunham o aconchego de um fim de tarde. Exalam um odor agradável de uma flor que não se encontra em atacado. Amigos têm o poder da unicidade e não merecem a economia de nossos sentimentos. Se o convite é para o banho de cachoeira, para que perder tempo com a bica rala?

É uma vitória ter amigos. É uma derrota querer que os amigos sejam a projeção das nossas frustrações. O outro não é um pedaço que vai preencher um buraco do manto que me aquece. O outro é um manto inteiro. Mas um outro manto. Diferente do meu e, portanto, necessário.

Amizades interesseiras não são amizades. Na solidão das nossas decisões e no vazio das nossas escolhas, vamos percebendo quem é necessário e quem não entendeu o que é amar. Nada de parasitas, nada de sugadores nem de bajuladores hipócritas. Quantos são os que oferecem o perfume da euforia para que o cheiro da falsidade fique imperceptível? Cedo ou tarde se esquecerão de usar o perfume, e o odor natural será sentido. E por que não entrar na cachoeira e permitir que a abundância gratuita das águas celebre a unicidade da vida? Por que perder tempo com os porões do passado? Há outros cômodos na velha casa. Por que insistir nas derrotas impostas por usurpadores se esses já nem existem mais? O pai agressor já partiu, a mãe não teve oportunidades. Mas o futuro está ali, logo depois do quarto escuro. Por que teimar em ficar se o amor convida a sair? Por que teimar em sair se o amor convida a ficar? Complexo, não? Como saber?As respostas não são simples, amigo. E longe de nós querermos entender as razões do que conhecemos parcialmente.

Antes de voltarmos para casa, antes de entrarmos no quarto, dei um longo abraço em minha mãe. Entramos juntos. Na penteadeira, alguns papéis com a letra do meu pai. No chão, os seus chinelos. O lenço. As tarefas que deveriam ser realizadas depois da festa de casamento. Não houve tempo para despedidas. Sentamos juntos na cama e, juntos, choramos. Ficamos um tempo falando; e outro em silêncio, juntos. Ela precisou ir ao banheiro e pediu que eu esperasse. Esperei. Quis se arrumar um pouco.

Pentear o cabelo. Olhou no espelho e viu as rugas e logo justificou dizendo que meu pai não se importava com isso. E repetiu esse discurso várias vezes. Olhou o armário dele, suas calças, camisas, meias, sapatos. Tudo ali. E as fotografias.

Não tentei conter o pranto de minha mãe. Também chorei e convidei a saudade para nossa prosa. Lembramos de histórias engraçadas. Meu pai era um galanteador. Um homem calmo, de bons modos, simples. Nas nossas fragilidades, permitimos que a amizade convivesse conosco, mãe e filho. Unidos pela dor. Esvaziados pela ausência. Preenchidos pelo amor.

Enquanto escrevo, ouço música. Faço isso sempre. A "Sonata ao luar" de Beethoven me faz companhia. Traz um sentimento de ontem quando eu dedilhava no piano alguma canção. Meu pai pedia que eu tocasse. E eu fazia isso orgulhoso do seu pedido. Beethoven sofreu muito. Além das deficiências físicas, a crítica implacável. Tinha de provar o tempo todo que o talento existia e mais, que não tinha partido. Era o medo da derrota. Gabrielle Chanel, mais conhecida como Coco Chanel, uma das maiores estilistas de todos os tempos, enfrentou não poucas vezes o fracasso e teve de recomeçar com mais de setenta anos em uma época em que essa idade tinha um outro peso. Não perdeu o brilho. Lutou contra as línguas ferinas que diziam que estava velha e obsoleta. Que o seu tempo já havia se encerrado. Não se pode conferir a outro o poder de encerrar o nosso tempo. Cada um tem o direito de conduzir a sua história. Que os medos venham, mas que sejam enfrentados. Que as quedas não fraturem a esperança. Há sempre uma outra possibilidade de vencer se não se usa a corda para encerrar a disputa. Afinal, reconduzindo William

Ernest Henley: "Da minha alma eu sou o comandante;/ Eu sou o senhor do meu destino."

O comandante sabe ouvir os comandados e sabe com eles aprender, mas não entrega a ninguém o seu ofício de comandar. O comandante tem a humildade de aprender com outros que já comandaram outras almas. Mas a sua será comandada por ele mesmo. É possível e é preciso contemplar outras histórias, compreender outras vidas, mas cada vida tem o seu suor e o seu sabor. Não podemos ceder a outro os sofrimentos que nos competem. Podemos encontrar parceiros que nos auxiliem. Não podemos renegar a nossa alegria. Podemos partilhá-la. É preciso comandar a nossa alma, amigo. É preciso dizer aos que nos puxam para baixo que é para cima nossa vocação. Chanel esperava no orfanato a volta do pai. Ele nunca voltou. Esperava que na partida ele olhasse para trás e dissesse adeus. Ele não olhou. Esperava que a mãe sobrevivesse à doença. Ela não sobreviveu. E depois de tudo isso continuou a esperar. É isso que precisamos aprender. A esperança não pode sair assim como visitante dispensável.

Os antigos esperavam a estação certa para plantar e para colher. Nós mudamos isso com novas técnicas agrícolas. Decidimos as estações e nos confundimos com elas. Os romantismos das cartas entregues pelos carteiros. Antigas canções, a inspiração de Cícero Nunes e Aldo Cabral em "Mensagem":

Quando o carteiro chegou
E o meu nome gritou
Com uma carta na mão

Sofrer é inevitável, talvez seja melhor abrir a mensagem. Quem sabe se será de alegria ou se será de tristeza? Quem sabe se as juras de abandono abandonaram o apressado? Quem sabe?

E assim pensando rasguei
Tua carta e queimei
Para não sofrer mais

Se for de tristeza, trará um aprendizado necessário. Fortalecerá as novas intenções. Depois da estação das lágrimas, vem a estação da reconstrução e um ciclo continua.

Se for de alegria, trará um cuidado especial. O sol em algum momento vai embora. Sofrer pela sua ausência, enquanto ela faz companhia, é um desperdício. Iludir-se, pensando que ele resolveu ficar para sempre, é ingenuidade.

Curtamos o sol, amigo. Curtamos essa dona chamada esperança. A música de Beethoven já se despediu, há uma velha canção me fazendo companhia. Minha mãe entra e sai do quarto e me vê escrevendo. Não quer incomodar. Certamente, não incomoda. Despeço-me de você enquanto a convido para ler primeiro um pouco de nossa história. Depois quem sabe ela me conte novamente sua história de amor, que também teve carta e carteiro, mas isso fica para uma outra ocasião.

Peço a sua bênção e o seu carinho,

GABRIEL

Décima carta

Meu querido amigo Gabriel,

Hoje foi um dia interessante. Tive oportunidade de ler a sua carta logo pela manhã, quando cheguei a Pesqueira, cidade crescida ao pé da serra de Ororubá, interior de Pernambuco. Uma cidade bonita, cheia de casarões antigos que me recordaram o sobrado de Cora Coralina, o mesmo que já foi tema de nossas conversas.

A cidade de Pesqueira me fez bem. Para embarcar na sugestão do nome, poderia lhe dizer que ela me proporcionou uma pescaria nos mares e rios de minha memória. Ela me reportou aos tempos idos de minha infância, quando eu andava pelos becos e vielas de minha terra querida, Formiga, a cidade mineira que me viu nascer e crescer, e que também é conhecida como cidade das Areias Brancas.

Meu amigo, considero um privilégio ser filho do interior. Nascer, crescer e viver num contexto de simplicidade é um destino que só nos faz bem. As pequenas cidades ainda preservam uma poética que se torna cada vez mais rara no mundo. O coreto da matriz, a praça principal, os lugares que ainda permitem o encontro das pessoas. Tudo isso está fortemente afetado por um encanto que pertence à linguagem simbólica. Há lugares que são como um poema. Tenho muitos deles escritos dentro de mim.

Em Formiga, há um lugar que ainda hoje me provoca saudades felizes. É o beco dos protestantes. Foi lá que eu pude sentir o melhor cheiro de café torrado que já senti na vida. Aquele é um dos principais odores que me reportam à primeira fase da minha existência. Aquele cheiro tão peculiar me devolve aos braços de minha mãe, lugar onde hoje não caibo mais. O cheiro me diminui, retira o meu peso, coloca-me em condições de ser recolocado no espaço que um dia reconheci como o preferido para minha segurança.

Gabriel, minha cidade é uma fonte inesgotável de reminiscências. São nomes dos quais não conheço o rosto, são rostos dos quais não conheço os nomes. Tudo pertence a um mosaico que trago na alma. Peças que tenho a vida toda para reunir, montar, configurar. A beleza se antecipa. O inacabado já me encanta. A contemplação é um deleite do qual não me privo. Às vezes o encanto está em fragmentos. Um fio de memória me recoloca na cena. Sorrio e choro com o que reencontro. As pessoas me ajudam nesse processo. Por isso é tão bom conversar com aqueles que conhecem nossas origens. Eles funcionam como trilhos que nos fazem chegar aos lugares que somos.

Meu amigo, a cidade pequena nos permite a visibilidade que nos prende em raízes sólidas. Há quem enxergue nisso um prejuízo, mas não é. A invisibilidade pode nos mergulhar numa solidão pavorosa. Por isso eu faço questão de cultivar os meus vínculos mais antigos. Eles são os principais alicerces da minha construção. Voltar ao interior é voltar a mim mesmo. É nele que está a riqueza que preciso lapidar.

Estou convicto. A vida no interior condensa riquezas admiráveis. Uma delas é a relação que as pessoas estabelecem com o tempo. Ele tem outro ritmo, parece correr mais devagar. Há menos pressa nos olhares que encontramos. Esse jeito de ser deve estar diretamente ligado ao artesanato que a cidade produz. Pesqueira é a terra da renda renascença.

Gabriel, em Pesqueira tive oportunidade de visitar o Mercado Rosa, lugar onde os artesãos exibem e vendem os seus trabalhos. Toda a renda renascença é produzida a mão. Um trabalho minucioso, fascinante. Algumas toalhas levam de seis a oito meses para ficarem prontas, contou-me a vendedora, que sem nenhum sinal de ansiedade mostrou-me as peças. Os seus gestos eram reverentes. Era como se estivesse me mostrando uma coleção de pedras preciosas.

Mas o que ela me mostrou era realmente precioso. Havia uma diversidade interessante de tramas e bordados. Muitos estilos e cores.

Meu amigo, enquanto as pessoas me falavam do processo de feitura da renda, salientando que o trabalho é todo manual, recordei-me do texto de Otto Lara Resende, a respeito da morte do porteiro. Confesso que fiquei bastante impactado com a história. Fiquei pensando nas pessoas que trabalham para que minha vida possa acontecer da forma como acontece. Pessoas que vejo, pessoas que não vejo. Todas elas comprometidas com uma parte do todo que constitui o meu cotidiano. A renda reforçou ainda mais a minha reflexão.

Fiquei refletindo sobre a beleza que resguarda o anonimato das mãos que a fizeram nascer. Aquelas linhas tão bem amarradas saíram de mãos que desconhecemos. A toalha que levo para minha casa não é fruto de uma máquina, não é resultado de um processo de produção em série. Aquela toalha nasceu das mãos de mulheres que amam e são amadas. O que aos meus olhos está oculto, aos olhos de outros tem rosto de mãe, esposa, irmã, amiga.

Todas elas são mulheres. Embalam berços, sonhos, embalam o mundo. Delas eu recebo uma parte. Levo comigo um fragmento de seu labor. Levo um tempo de suas vidas. Outono? Primavera? Não sei. O que sei é que o artesanato condensa uma multiplicidade silenciosa de vivências. Nas rendas que trago comigo há uma infinidade de mulheres invisíveis, assim como era o porteiro que fez "a descortesia de falecer".

A visibilidade é um mistério que me instiga a pensar no cordão que nos ata, que nos reúne num mesmo lugar: a condição humana. A mulher que não vejo dedicou meses de sua vida para que eu pudesse deitar uma toalha branca sobre a mesa de minha casa, e, junto aos meus amigos, pudesse celebrar um ritual de alegrias. Uma toalha bonita, repleta de histórias que desconheço. A invisibilidade permanecerá. Ela não se sentará à mesa conosco. Eu não saberei quais são as linhas de seu rosto.

Meu amigo, a renda produzida na cidade de Pesqueira é uma espécie de literatura. As palavras não estão registradas ao modo convencional. Cada colcha, cada toalha, cada pequeno retalho trabalhado é uma trama de pessoas sendo contada. A linguagem da renda é o silêncio. Por isso não posso ouvir os relatos da vida que está entranhada nos entrelaços das tramas. Resta-me a contemplação respeitosa dessa arte que certamente interfere no jeito de ser das pessoas que a produzem.

Gabriel, como já lhe contei, sou filho de um pedreiro. Meu pai era um especialista em construir casas. Construía de maneira artesanal. Aprendi com ele que o construtor precisa ser um homem paciente. Assim como as mulheres, ele também desenvolve um trabalho que requer calma. A boa construção nasce depois de muitos cálculos.

O construtor é também um cuidador. Era muito comum ver o meu pai visitando as suas obras. Ele o fazia nos dias de folga. Ele argumentava os motivos. Em dias de folga a cabeça está mais descansada. Eu o acompanhei em muitas dessas visitas. Ele o fazia com cuidado. Lançava sobre aquelas paredes inacabadas o seu olhar com atenção especializada. Sabia que o bom êxito do projeto dependia de detalhes importantes.

Eu achei interessante o seu jeito de cuidar das construções. Mais que isso, achava interessante o quanto ele se desdobrava em seus ofícios de construtor e de pai de família. O homem que andava atencioso pelas construções era o mesmo homem que andava pelos corredores da minha casa. O seu ofício de construtor estava presente no seu jeito de viver. A sua capacidade de cuidar de alicerces, paredes e acabamentos também era exercida no momento em que cuidava de nós.

Meu pai não era um homem de muitas palavras. Também não era especialista em afetos. Teve uma infância dura, marcada pela pobreza e falta de instrução. Mas era um homem amoroso. Descobri isso no final de sua vida, quando por ocasião da enfermidade que o vitimou, ele parecia ter perdido as resistências que a vida lhe colocou. O homem que até então tinha dificuldade de nos colocar no colo transformou-se num menino que o tempo todo nos puxava para perto de si.

Dele eu guardo muitas lembranças. Recordo-me com muita saudade do seu jeito simples de prender a emoção. Ele não se cansava de repetir, sobretudo quando estava impulsionado pela força que lhe concedia uma boa dose de cachaça mineira, um fato que lhe marcou, no dia do meu nascimento.

Ele dizia com voz embargada que quando a enfermeira me trouxe nos braços, com o objetivo de me apresentar ao meu construtor, eu nele havia fixado os olhos. A confissão acontecia sempre no mesmo formato, como se aquela velha emoção ainda sobrevivesse sem mudanças. Emoção preservada num canto da memória que jamais havia recebido a força inevitável dos esquecimentos. Segundo ele, quando a enfermeira foi se encaminhando comigo pelo longo corredor do hospital, eu fui virando a cabeça em sua direção, como se não quisesse perdê-lo de vista.

Aquele primeiro encontro foi sagrado para ele. Identificou naquela procura de olhar um reconhecimento. O seu coração de pai lhe dizia que eu sabia quem ele era. E depois daquele dia, nós nunca mais nos retiramos um da vida do outro.

Gabriel, eu nunca mais pude esquecer a forma como meu pai me contava esse acontecimento. Essa confissão faz parte de mim. Só Deus sabe o quanto era bom recebê-la, vez em quando. Ela representou em minha vida o mesmo que os acabamentos representavam para as paredes que ele construía. Ela me concedeu viço.

Gosto quando você conta as histórias de seu pai. Elas me recordam as minhas. O meu pai se despediu do mundo segurando as minhas mãos. Eu estava ao seu lado, na cama do hospital, o mesmo em que um dia ele me viu chegar. O lugar do primeiro encontro foi também o lugar da despedida. Ironia do destino? Acho que não. Prefiro compreender como oportunidade feliz. Não é sempre que temos oportunidade de ver partir aqueles que amamos. Não é sempre que temos a ocasião de preparar a despedida.

Foi com profunda dor que vi a respiração do meu pai acelerar. O movimento brusco me indicava que havia desespero em sua busca. O ar, que tão facilmente alimentou os seus pulmões ao longo da vida, de repente tornou-se escasso. Depois da pressa veio a calma. O ritmo foi diminuindo, diminuindo, até que tudo ficou em silêncio. A construção havia chegado ao fim. A testa suada me dizia que a luta não havia sido fácil. Meu pai havia terminado. Assim como tudo o que é criado chega ao fim, da mesma forma o meu pai.

O homem que me fez acreditar em tantos valores estava mergulhado no silêncio da morte. Movido pela crença que ele também fez crescer em mim, eu o vi adentrar os umbrais da esperança que anuncio: a ressurreição.

Meu amigo, pude viver muitos aprendizados ao lado do meu pai, mas há um fato que se tornou muito marcante para mim. Um aprendizado que aconteceu ao longo da minha vida, fruto de uma atitude que o acompanhou a vida inteira. Ele tinha o hábito de lavar o prato em que comia. Todos os dias ele agia da mesma forma. Terminada a sua refeição, ele se colocava a lavar os pratos e talheres que por ele foram usados.

Depois de tanto tempo passado, fico pensando na mística que estava escondida naquele gesto. Lavar os pratos era um jeito que ele tinha de consertar o mundo. Herbert Viana tem um verso bonito em "Vamos viver" que propõe: "Vamos consertar o mundo./ Vamos começar lavando os pratos." Meu pai aceitou a proposta, mesmo sem tê-la ouvido. Com seu gesto simples e despretensioso, ele encarnou em suas atitudes um comprometimento com a ordem do mundo. Talvez quisesse mostrar que se cada um de seus oito filhos repetisse o gesto, minha mãe poderia descansar mais cedo depois das refeições.

Lavar os pratos era o seu artesanato doméstico. Devolver a limpeza àquilo que está sujo é uma forma de redenção. Meu pai sabia disso. Sabia por intuição, sabia por sensibilidade. As construções lhe ensinaram essa sabedoria. O longo tempo consumido no ofício das obras lhe conferiu essa experiência de cuidado. O pequeno tempo perdido na limpeza daqueles talheres e prato faria diferença no tempo de descanso de minha mãe, sobretudo se contabilizado, considerando semanas, dias, meses e anos.

O exemplo de seu gesto ainda repercute em mim. A consciência que tenho a respeito da importância dos pequenos detalhes, que são capazes de mudar a ordem das coisas, nasceu dele. O gesto está eternamente registrado em minha vida, da mesma forma como está a promessa de que a renda renascença é feita para durar a vida inteira.

Gabriel, todas essas memórias que trago comigo são importantíssimas para o meu crescimento humano. Não é possível crescer estando distante das raízes que temos. A proximidade com minhas raízes me proporciona reacender os rostos que, ainda que esquecidos, estão bordados em minha alma.

Assim como a renda renascença deixa registros daquela que a teceu, assim como o meu pai deixou suas marcas nas paredes que construiu, da mesma forma, trago a invisibilidade atuante de uma infinidade de pessoas, que um dia registraram de maneira artesanal suas marcas em minha vida.

Meu amigo, tive a oportunidade de conhecer a África do Sul. Foi uma viagem fascinante. A grandeza do país está exposta nos pequenos detalhes. Um lugar onde as cores prevalecem. Nas paredes, na paisagem, nos tecidos e nas almas. Lá eu também encontrei o artesanato que é capaz de retratar o sentimento de uma nação. Mas vou lhe contar sobre um outro aspecto da cultura sul-africana que achei formidável: a música.

A África do Sul é um país musical. Em tudo há a prevalência de um som orgânico, nascido dos lugares, emitido sem reservas, sem descanso. Brota da natureza e das bocas. Nasce ao som de tambores e instrumentos rudimentares retirados do contexto da utilidade doméstica.

É a vida pragmática sendo transformada em vida simbólica. Criatividade de um povo que reconhece a vida como território da revelação divina. Aliás, admiro muito as comunidades humanas que não caíram na resolução fácil que divide o mundo em duas partes: sagrado e profano.

Gabriel, eu sempre tive predileção pela musicalidade negra. Acho instigante a construção melódica que costura numa mesma pauta acordes felizes com acordes tristes. Experimentei isso de maneira concreta, quando, numa praça da Cidade do Cabo, eu pude ver um grupo de homens cantando. Fiquei ali, ouvindo, e aos poucos me vi totalmente envolvido por aquele canto. Mesmo que brotasse de lábios que sorriam, a música era triste.

Eu não compreendia absolutamente nada das palavras que eles cantavam. Era um dos muitos idiomas usados pelas tribos. Mas havia a prevalência de uma linguagem superior, universal. Quando dei por mim eu estava chorando. Não sabia dizer o motivo. Não sabia o que eles cantavam, mas eu estava afetado por aquela aparente contradição. Os rostos que me sorriam, os homens que eram visíveis aos meus olhos, contavam-me notícias tristes de uma invisibilidade a que eu jamais poderia ter acesso, senão através deles.

Aquela mixórdia me revelava a luta de antepassados; homens e mulheres que construíram a história que perpassava o canto que meus ouvidos escutavam. De um lado, os colonizadores, invasores que resolveram estender os poderes de suas pátrias, obedecendo ao instinto rudimentar do poder. Força que legitima os absurdos das guerras, invasões e outras irracionalidades humanas. De outro, os colonizados, os legítimos donos da terra, os curadores do espaço. Os invisíveis que naquele canto recebiam a oportunidade de serem recolocados no chão que amaram, e, pela força daqueles versos tristes, serem celebrados num ritual que recorda, redime, ressuscita e atualiza.

Rito que se concretiza nos acordes de uma música que conta os sofrimentos do degredo, mas que também revela as esperanças que a escravidão não conseguiu sufocar.

Gabriel, durante a viagem eu pude ouvir muitas histórias sobre diferentes tribos africanas. Uma delas me comoveu. Uma história musical. É o relato de um costume preservado por anos e anos numa tribo da África Central.

Segundo o relato, para cada criança que nasce uma música é composta. Uma oferenda que marca a entrada da criança no mundo. Música que estará diretamente ligada à identidade pessoal. Ela cumpre o papel de ser a trilha que sonoriza os momentos importantes da vida daquele que a recebeu. Há um detalhe interessante. Dizem que, além de ser cantada nas celebrações felizes, a música também é utilizada por ocasião de grandes deslizes cometidos pela pessoa proprietária da música. Funciona como uma espécie de purificação.

Ao perceber o desvio de caminho, a comunidade se reúne e canta, para que a pessoa, ao ouvir a sua música, tenha a possibilidade de voltar ao formato original, ao início de tudo, momento em que a música lhe foi ofertada.

Meu amigo, esse costume me fez pensar no quanto é necessário ter um referencial que nos faça voltar ao estado primeiro das coisas. Uma voz, uma palavra, um lugar, uma música, enfim, qualquer coisa que pertença à nossa memória afetiva, e que tenha o poder de nos fazer voltar a nós mesmos. Algo que possa nos fazer enxergar melhor o contexto de nossas escolhas. Algo que nos ajude na reconciliação com nossos limites, sobretudo no momento em que os erros prevalecem sobre os acertos e a vida se apresenta difícil demais diante de nossos olhos.

A história me fez refletir sobre a arte de recomeçar. Verdade ou lenda? Não importa. A história já virou verdade em mim. A partir de hoje quero estar atento a tudo o que me recorda quem sou.

Meu amigo, esteja também. É bem provável que mais cedo ou mais tarde a gente precise deste instrumental. Há momentos da vida que só são suportáveis se estivermos suportados por alicerces bem construídos.

Esta vinda a Pesqueira me fez bem. Ao encontrar as rendas eu também reencontrei as paredes que meu pai construiu pelo mundo afora. Mais que isso, reencontrei a necessidade de não perder de vista as realidades que me devolvem a mim mesmo.

Obrigado por me fazer conhecer o texto de Otto Lara Resende, através de sua carta. Quero acelerar em minha vida o processo de tornar visível o mundo que me pertence. Reacendo memórias, contando histórias, encontrando essa gente antiga que sabe tanto sobre mim. Não quero correr o risco de morrer sem desvendar os meus mistérios. Como eu já lhe disse, este grande mistério que me constitui está no tempo sob a frágil condição de mosaico. Cada peça é importante, por menor que seja. Obrigado por me permitir acessar peças tão fundamentais para a compreensão do todo.

As memórias de sua vida me fizeram embarcar nas minhas. Pesqueira foi o porto de onde parti. Trouxe em meu barco muitas rendas e lembranças felizes.

Hoje, nas entrelinhas desta carta que agora repousa em suas mãos, estão os primeiros bordados que esta terra me proporcionou. Quando houver outros, fique certo de que eu os enviarei.

Ainda não sei como chegarão. Pode ser que cheguem nos invólucros de um canto triste, ou pode ser que cheguem nas configurações de um verso esperançoso.

É assim que me despeço. Grávido de segredos que ainda vai contar.

Com meu carinho e bênção,

Pe. Fábio de Melo

Décima primeira carta

Querido amigo padre Fábio,

Receber sua carta é sempre motivo de festa. Seus dizeres trazem uma roupagem poética de um cotidiano que nada tem de invisível. Seus olhos de poeta conseguem enxergar. Enxergam as rendas de Pesqueira e as mulheres com suas mãos jeitosas. Enxergam seu pai construtor com os olhos da memória. Enxergam a musicalidade que celebra a vida e que permite à vida reparar as desafinações. Desafinamos todos nós, os viventes.

Seu pai, lavando pratos, celebra a simplicidade e o serviço. A que causa servimos, meu irmão? O texto do porteiro também me marcou profundamente. Será que não percebemos algumas pessoas que estão ao nosso lado tomando conta das nossas entradas e saídas? Será que, andarilhos dos tempos apressados, perdemos a suavidade do interior? Somos do interior. Carregamos essa identidade. As charretes de Cachoeira Paulista, os condutores dos cavalos, conhecedores de cada beco da cidade. As conversas nas portas das casas. Os comentários inocentes ou pecaminosos. As crianças brincando na rua. A minha pequena Cachoeira também tem coreto e, na minha infância, tinha retreta. O cheiro de café torrado do beco dos protestantes... fiquei imaginando como seria esse lugar. Conheço Formiga, mas não passei por esse beco. Senti um outro cheiro na sua cidade. O cheiro do pão de queijo e da prosa mansa. O sotaque mineiro que também lembra as minhas origens. Meu pai nasceu em Belo Horizonte. As mulheres de Minas e os convites desapressados. Você tem razão, esses lugares são como um poema. Pesqueira, eu não conheço. Conheço o Nordeste e o brio do nordestino.

Impossível deixar de citar a beleza das palavras de Euclides da Cunha na tentativa feliz de explicar o gigante nordestino. De um lado, a aparente fraqueza; de outro, a surpresa da fênix que se revela diante das adversidades do clima, do tempo, da vida. Em *Os sertões*, ele poetiza:

> O sertanejo é, antes de tudo, um forte. Não tem o raquitismo exaustivo dos mestiços neurastênicos do litoral.
>
> A aparência, entretanto, ao primeiro lance de vista, revela o contrário. Falta-lhe a plástica impecável, o desempeno, a estrutura corretíssima das organizações atléticas.
>
> É desgracioso, desengonçado, torto. Hércules-Quasímodo, reflete no aspecto a fealdade típica dos fracos. O andar sem firmeza, sem aprumo, quase gingante e sinuoso, aparenta a translação de membros desarticulados. [...]
>
> É o homem permanentemente fatigado.
>
> Reflete a preguiça invencível, a atonia muscular perene, em tudo: na palavra remorada, no gesto contrafeito, no andar desaprumado, na cadência langorosa das modinhas, na tendência constante à imobilidade e à quietude.
>
> Entretanto, toda esta aparência de cansaço ilude.

> Nada é mais surpreendedor do que vê-la desaparecer de improviso. Naquela organização combalida operam-se, em segundos, transmutações completas. Basta o aparecimento de qualquer incidente exigindo-lhe o desencadear das energias adormecidas. O homem transfigura-se. Empertiga-se, estadeando novos relevos, novas linhas na estatura e no gesto; e a cabeça firma-se-lhe, alta, sobre os ombros possantes aclarada pelo olhar desassombrado e forte; e corrigem-se-lhe, prestes, numa descarga nervosa instantânea, todos os efeitos do relaxamento habitual dos órgãos; e da figura vulgar do tabaréu canhestro reponta, inesperadamente, o aspecto dominador de um titã acobreado e potente, num desdobramento surpreendente de força e agilidade extraordinárias.

São titãs em tudo o que fazem, os nordestinos. A grandeza da alma de mulheres e homens que construíram a São Paulo em que vivo. A musicalidade, a poesia. Jorge Amado descortinou horizontes com seus *Capitães da areia*, meninos abandonados, sonhos abortados. Gilberto Freyre reconstruiu a nossa história revelando a alma de nossa gente, que é uma mistura de abandono e vitória, luto e festa, fome e fartura. É o que somos, amigo. Um dia as mulheres de Pesqueira conversam sobre crianças que nascem, enquanto pacientemente preparam as toalhas para a nossa celebração; outro, choram seus mortos, sem deixar de usar as mãos para que os panos possam ir ganhando significado.

A morte e a vida, lado a lado. Morte e vida severa, severina. A lida! Do agreste pernambucano, João Cabral de Melo Neto, num esforço sobre-humano, se atreve – diante da beleza do nascimento de uma criança – a desatar o sutil limiar entre a vida e a morte, declarando a vitória da vida...

[...]
é difícil defender,
só com palavras, a vida,
ainda mais quando ela é
esta que vê, severina
[...]
E não há melhor resposta
que o espetáculo da vida:
vê-la desfiar seu fio,
que também se chama vida,
ver a fábrica que ela mesma,
teimosamente, se fabrica,
vê-la brotar como há pouco
em nova vida explodida
mesmo quando é assim pequena
a explosão, como a ocorrida
como a de há pouco, franzina
mesmo quando é a explosão
de uma vida severina.

Desse mesmo Pernambuco em que você pescava impressões poéticas e viajava ao passado, eu li uma história um pouco antes de sua carta chegar que deixou um rastro de incompreensão nos meus sentimentos. A história de uma vida, como as muitas que João Cabral revelou.

É a história de um jovem, chamado Alcides.

De sua formosura
deixai-me que diga:

é uma criança pálida,
é uma criança franzina,
mas tem a marca de homem,
marca de humana oficina.

Filho de uma catadora de lixo, dona Maria Luiza, Alcides foi aprovado em primeiro lugar entre os alunos da escola pública no concorrido vestibular na Universidade Federal de Pernambuco. Jovem simples, frequentador da Igreja, sonhava em ter o diploma na mão para homenagear a sua mãe e dar a ela uma vida mais tranquila. A mãe, a guerreira que, catando lixo, educou os quatro filhos. Ele e as três irmãs.

não pensem que a vida dele
há de ser sempre daninha.
Enxergo daqui a planura
que é a vida do homem de ofício,
bem mais sadia que os mangues,
tenha embora precipícios.

Sua história foi contada como exemplo de superação em vários programas televisivos. A mãe não escondia o sorriso no rosto e o orgulho pelo filho abençoado. A formatura estava chegando...

— De sua formosura
deixai-me que diga:
é tão belo como um sim
numa sala negativa.

— é tão belo como a soca
que o canavial multiplica.
— Belo porque é uma porta
abrindo-se em mais saídas.
— Belo como a última onda
que o fim do mar sempre adia.
— é tão belo como as ondas
em sua adição infinita.

— Belo porque tem do novo
a surpresa e a alegria.

Mas uma tragédia se abateu sobre essa família. Alcides foi assassinado com dois tiros na cabeça em frente a sua própria casa, aos 22 anos de idade. O reitor da Universidade Federal de Pernambuco, Amaro Lins, desabafou:

> Que seja um exemplo para que todos nós possamos nos empenhar para mudar esse país e dar oportunidade a milhões de "alcides" que estão espalhados em todos os recantos, para que eles não venham a ter um fim trágico como esse. Para que eles possam ter o futuro que Alcides teria, caso esses marginais não tivessem ceifado sua vida.

O crime aconteceu ontem, amigo. Ainda não se sabem as razões. Parece que foi por engano. Parece que estavam à procura de um outro jovem e encontraram Alcides pelo caminho.

Um colega da comunidade da Igreja da Torre, que ele frequentava, disse:

Eu sempre conversava com ele e pensava: esse vai ser um cara de futuro, vai entrar para a história. E de repente ter a vida interrompida por marginais, por pessoas que nem ao certo sabiam a pessoa grandiosa que ele era.

E voltando a João Cabral:

— E quem foi que o emboscou,
irmãos das almas,
quem contra ele soltou
essa ave-bala?
— Ali é difícil dizer,
irmão das almas,
sempre há uma bala voando
desocupada.

Padre Fábio, fiquei tentando entender a deformação humana que é capaz de ações dessa natureza. Conheço o cotidiano das grandes cidades. Ouvi muitas histórias parecidas. De despedida forçada. De incompreensão. De revolta. O que dizer a essa mãe? Com dificuldade, eles já pagavam a festa da formatura. Ela falava do filho como sendo pequena demais para ter recebido um presente tão grande. E o filho, em sua humildade, não tinha vergonha nenhuma da mãe. Catar lixo não é vergonhoso. Ao contrário, é digno. É nobre. Vergonhosa é a incompaixão. As razões da violência são muitas. E demonstram a derrota do ser humano. É a apologia do ódio em detrimento da beleza da inteligência. A convivência é uma arte que requer talento. Quando o talento se vai e a astúcia fica, corremos o risco da invisibilidade. Passamos o trator na terra com a desculpa de que arar é preciso. Encharcamos de sangue a nossa máquina por não olharmos e repararmos no que há em nossa frente. Quanta tristeza, meu irmão!

Dona Maria Luiza saiu de casa vestindo a bata branca que o filho usava no estágio. A roupa que ela tinha lavado e passado tantas vezes, com orgulho de mãe, para que o filho pudesse trabalhar, agora era apenas um traço de saudade. Ela estava ali de branco. Não tinha muito o que dizer. Não se mostrou rancorosa. Talvez nem tivesse ainda compreendido o amanhecer diferente. O enterro foi no Cemitério de Santo Amaro.

A história de santo Amaro tem uma relação com a salvação de um jovem. Maurus, conhecido no Brasil como santo Amaro, era discípulo de são Bento. Certa feita, Plácito, o filho do senador Tertulius, caiu no lago quando foi buscar água e estava sendo levado pela correnteza. Orando em sua cela, são Bento viu o fato e enviou Maurus para salvá-lo. Sem perceber, Maurus andou sobre as águas e salvou Plácito. Maurus atribuiu o milagre a são Bento e são Bento a Maurus. O fato é que a imagem de santo Amaro ficou conhecida por esse milagre, andando sobre as águas revoltas para salvar a vida de um jovem.

Dona Maria Luzia poderia pensar: por que não salvaram a vida de meu filho? O papa Bento XVI chorou em um campo de concentração querendo saber onde estava Deus enquanto aquela desumanidade acometia a humanidade. Não era uma oração de revolta nem de falta de fé, era uma oração de compaixão.

A cena que fica em minha mente enquanto escrevo é a da mãe de Alcides com a bata branca do filho, chorando de dor pela morte prematura de seu menino, e das irmãs aninhadas nas lágrimas da mãe.

O que aprendemos com essas histórias, meu irmão? É interessante que, seja em carta seja pessoalmente, sempre tecemos esse enredo. Você me conta algumas histórias de dor e eu lhe conto outras. Evidentemente, falamos de outros assuntos. Nossa tessitura tem sangue, mas tem estrelas. Alcides é uma estrela que iluminou uma casa simples em Recife e que ilumina, com a sua história, a história de tantos que acreditam não ser impeditiva a vitória, para quem nasceu nas manjedouras contemporâneas.

Certa vez, conheci uma catadora de papel que me abraçou com carinho e disse que gostava de mim. Eu acolhi com ternura aquela mulher com olhos cheios de entusiasmo. Era em um evento de catadores. Contou-me um pouco a sua história e falou de seu filho, aluno de uma faculdade. Cecília, era esse o seu nome, falou que pagava a faculdade de Direito do seu filho catando papel. E eu perguntei a ela qual era o seu sonho para o futuro do filho. E ela:

— Meu sonho?

— Sim, o seu sonho — prossegui. — Que ele seja advogado, juiz, promotor, delegado, professor. Ele faz faculdade de Direito, não é?

E a catadora de papel me ensinou:

— Meu sonho é que ele seja bom.

Pronto. Ali estava uma declaração de sabedoria que não surgiu de uma cultura livresca nem dos bancos escolares, apesar de eles nos serem tão necessários. Dona Cecília queria que seu filho fosse bom. Isso era tudo. O restante era um acréscimo que nada tinha de essencial. Ser bom faz toda a diferença.

Enquanto tantos pais atribuem a vitória ou a derrota a provas e concursos, a notas e aplausos, dona Cecília queria que seu filho fosse bom.

Eu nunca mais encontrei essa mulher nem conheci seu filho. Lendo a história de Alcides, fiquei imaginando a história do filho de dona Cecília. Histórias humanas se cruzam nos terrenos em construção.

Seu pai, pedreiro, com seu jeito de ser, foi depositando bondade em você. Seu afeto era diferente. Cada um é de um jeito. Alguns pais sabem colocar os filhos na rede e entoar uma canção. Outros têm medo de desafinar, e outros ainda acham que a rede poderá cair e machucar a criança. Os afetos são assim. Não podemos culpar aqueles que não aprenderam a demonstrar ternura. Um dia, um amigo me disse da dificuldade que tinha em elogiar os filhos. Disse que não se lembrava de um elogio do seu pai. Lembrava que a mãe justificava a falta de afeto pela criação do marido, que também não recebera elogios do pai, o qual justificava que elogio deforma o caráter. O bom era a crítica, pensavam esses homens sem terem qualquer intenção de desamor.

Amigo, fico pensando também nos jovens que mataram Alcides. Que tipo de educação receberam? Que tipo de informações foi depositado sobre os seus afetos? Não nasceram assim. Definitivamente ninguém nasce assassino, ninguém nasce perverso, ninguém nasce mau. É a metáfora da folha em branco, que não significa que sejamos uma tábula rasa. Mas o fato é que a nossa história vai sendo escrita parte por parte. A questão é saber quem nos ensina o alfabeto do respeito, da liberdade do outro, da capacidade de chorar diante da dor, da sensibilidade. O que pensa um assassino diante do pedido de clemência da vítima? O que sente um estuprador diante do pavor de sua presa? Somos animais racionais ou bestas humanas? O que sente um homem que arrasa a inocência de uma criança? Não dá para justificar todas essas ações falando de anomalias, patologias, a não ser que incluamos as anomalias do caráter, as patologias das emoções.

O natural, amigo, é que nos condoamos com o sofrimento alheio. Mas não é preciso tanto. Há posturas que não são tipificadas em crimes, mas que demonstram as páginas escritas com a ausência da cor da sensibilidade. Filhos que têm vergonha de seus pais, que modificam a própria história para dar mais heroísmo a uma vida comum. Ora, a beleza está na vida comum. A riqueza está na vitória de um texto nascido do interior. Não falo aqui das cidades do interior, em que tivemos a alegria de nascer. Falo do interior humano. Das pescarias internas. Temos de nos conhecer para reconhecer que somos o resultado de nossas escolhas e das escolhas de muitas pessoas que nos amaram, e até daquelas que nos odiaram.

Tudo começou com o amor de nossos pais. E depois continuou. Como as rendas que tão poeticamente enfeitaram a sua carta. Primeiro a intenção da mulher, a escolha. Depois a ação comum de tecer. Comum e linda. As mãos dando forma, dando vida.

Os pais escolhem os seus filhos. Não escolhas de detalhes de cor dos olhos, perfeição dos músculos. Longe disso. Brincar de deuses é um perigo para os homens. Escolheram o essencial, a vida. E a vida é uma escolha revivida diariamente. O sopro vital é poderoso e paradoxalmente frágil. Um tiro apenas, e a vida física se vai. Um tombo e uma vida se acaba. Uma doença qualquer. Somos frágeis. Não fomos feitos de pedra. Mesmo as pedras vão se dissolvendo aos poucos, mas demoram mais. Ficam paradas. São resistentes. Nós nos movemos. Somos complexos. Rejeitamos alguns cuidados por capricho e descuidamos de nosso traçado.

Nossa escrita tem de ser sagrada. As páginas que recebem o texto da nossa existência aguardam nosso entusiasmo. Letras muito fracas não podem ser lidas. Letras fortes demais atrapalham. Há uma forma certa de escrever. E isso é a educação.

Imaginar que educar é simplesmente formar cultores das intelectualidades é reduzir o nobre ofício de conduzir humanidades. Educar é lançar redes para que a teia da vida vá se abrindo sem economias; é apresentar a folha, o lápis e a borracha e avisar que tem mais; é ajudar a compor a canção que há de acompanhar desde o nascimento até o último sopro. E sempre que outro barulho incomodar, entoar desde o início para que as razões primeiras não sejam esquecidas.

Educar é acolher. Mestres e aprendizes entrelaçados nos teares da vida, convivendo na construção de crenças e possibilidades, fazendo nascer amanheceres sem desconsiderar os que a natureza nos dá gratuitamente.

Padre Fábio, na minha outra carta, falei da "Sonata ao luar" de Beethoven. É interessante que sempre que ouço essa música fico um pouco triste. Não sei se Beethoven estava triste quando a compôs. Mas me parece que os instrumentos choram quando apresentam as notas musicais e as suas pausas. É um crescente. Uma homenagem ao luar.

Ontem a lua estava imensa. Fiquei algum tempo divagando diante dela. Quantos mistérios! Quantas outras pessoas viam o mesmo luar que eu via naquele momento? Pessoas que nem falam a mesma língua que eu. Que moram em lugares com costumes diferentes dos meus. Pessoas que têm tradições e ritos próprios. Que têm valores ou que padecem suas ausências.

Somos diferentes, mas banhados pelo mesmo luar e talvez embalados por uma mesma sonata. Alguns enxergam o luar de recônditos românticos. Outros de palácios suntuosos, outros catando papel nas ruas das cidades. A lua é a mesma, amigo. E o barro de onde viemos também. O assassino e a vítima nascem do mesmo barro e são banhados pelo mesmo luar. As sonatas talvez sejam diferentes. As razões são tantas, as deformações também. Insisto em nossa derrota, nossa como humanidade, quando a violência real ou simbólica nos abate. Somos todos perdedores. Alguns apertam o gatilho, outros fabricam as armas, outros incentivam o agente e outros passivamente assistem à despedida prematura.

Desavisados ou sem educação, abandonamos o interior dos nossos sentimentos. Você já deve ter vivido a experiência de falar para pessoas que têm necessidade de se mostrar enfadonhas. Por quê? Por que não se permitir viver a emoção que o outro me apresenta? Medo? Os fortes são aqueles que escondem os sentimentos?

Euclides da Cunha finaliza o relato da dor vista e vivida em Canudos lembrando a coragem, a persistência e o gigantismo do ser humano: "Canudos não se rendeu". Embalado pela tristeza da condição de espectador da luta, sensibilizado pelo gigantismo dos últimos poucos bravos lutadores, relata a cena de uma mulher idosa carregando nos braços uma criança, rosto transfigurado, gritando de dor. Foram vencidos, mas não se renderam.

As mães não se rendem jamais. Será essa a lição? A fé? A determinação? O amor a uma causa?

Apresentemos o canto do interior. O canto pedaço, lugar, espaço privilegiado e o canto arte que embala e emociona. Onde estão os compositores? Aplausos à tribo da África Central que compreendeu que cada vida merece uma nova canção. E que cada canção tem o poder de nos lembrar do princípio e do fim. O princípio onde tudo começou e o fim para o qual nos esculpiram. A música é o sopro do artista que dá vida à sua obra. É como Michelangelo, diante da estátua de Moisés, tão cuidadosamente nascida de suas mãos. Diz assombrado com a perfeição do seu trabalho: "Parla, parla!". É tão perfeito que só falta falar.

Nós somos essa perfeição. O que nos falta? O que nos falta para que possamos nos considerar vencedores? Mais amanheceres? Mais tempo para limpar as entranhas entupidas com desnecessidades? O supérfluo rouba-nos muita coisa. E quando nos deparamos com o interior, como você, em sua viagem, tantos sentimentos lindos sentam conosco e nos fazem companhia.

É nessas horas que não devemos ter pressa. A procissão tem o seu tempo. Saudade das procissões da minha cidade. Eram de madrugada. Às vezes em dias de frio. Às vezes, de chuva. A água não nos impedia o ritual. E o sino nos acordava meia hora antes. E dava tempo. E nos encontrávamos no templo para sairmos juntos, caminhantes, próximos, entoando cânticos de purificação. Canções antigas que outras tantas pessoas já haviam entoado nas mesmas ruas de paralelepípedos, nas mesmas calçadas estreitas. Alguns, mais velhos ou doentes, colocavam enfeite na janela e acompanhavam do seu jeito a oração. E depois voltávamos para a celebração do pão, a celebração da vida. E cada um ia para o seu tear. Os afazeres ganhavam um outro significado. E quem era pequeno podia voltar e dormir um pouco até que o cheiro do café e a lembrança do pão com manteiga os acordasse. Em dias de escola, depois da reza, a celebração da convivência no espaço do conhecimento. Simples. Cada um em sua carteira. Cada um imaginando o que seria amanhã.

Como era sua escola em Formiga? Diferente da minha em Cachoeira Paulista? Pode ser que as tintas das paredes fossem diferentes ou que os assoalhos fossem feitos de outro material, mas os espaços eram igualmente sagrados, como são em todos os recantos em que há alguém querendo ensinar e alguém querendo aprender.

É preciso voltar ao interior, insisto. Talvez consigamos entender um pouco melhor o que aconteceu com as nossas margens. Há tanta busca desnecessária, há tanta ilusão nessa procura que parece nos levar à vitória. Enganos de quem tem preguiça de voltar.

Querido padre Fábio, aqui me despeço em busca de respostas para o jovem morto e para os meus medos. Respostas para a dor da mãe catadora de lixo e para os sons das mãos rendeiras que embalam um poema ou uma toalha de refeição.

Dor e esperança. São esses os amigos que me farão companhia nesta noite. Amanhã é um outro dia. Continuemos...

Gabriel

Décima segunda carta

Meu querido amigo,

Recebo nesta hora o grande volume de vida que sua carta condensa. É diante dele que resolvo recobrar um velho hábito interiorano: o silêncio contemplativo. Olho para as palavras e percebo que funcionam como portas. Elas me levam a inúmeros lugares.

Sua carta me oferece nomes e histórias que são mais que portas. São casarios grandiosos, portadores de muitos cômodos. Escolho uma casa de esquina, recém-construída, mas reduzida aos escombros de forma tão prematura. O nome dela é Aquiles. Abro devagar. Os destroços são muitos. Entre eles é possível reconhecer restos de sonhos, de esperanças, de amores. Restos humanos que já não podem ser reconstruídos. O administrador está ausente. Foi injustamente levado antes do tempo. O que existe à beira dos escombros é uma mulher, Maria Luiza. Uma entre tantas outras Marias que também sofrem os dolorimentos de um parto às avessas. A dor de ver partir o filho que elas amamentaram e fizeram crescer.

Meu amigo, como é duro estar diante dessas matrizes no momento destas perdas. A morte de um filho provoca uma dor lancinante no coração de uma mãe. Vi de perto. Vi ao meu lado.

O motivo de esta dor ser tão aguda é um só. A morte de um filho parece retirar a ordem da vida. Não é natural que pais sepultem os seus filhos.

Tudo se torna ainda mais dramático quando vemos a vida ser interrompida por causa da violência. Você tem razão. Violência gerada por todos. Ainda continuo imerso no contexto da reflexão que fazíamos a respeito do mistério da invisibilidade humana. Assim como o tijolo está invisível na construção, mas é fundamental para que as estruturas permaneçam, da mesma forma estão as pessoas que constroem o nosso cotidiano. As que destroem também.

A história de Alcides me faz lembrar *Vidas secas*, o precioso romance de Graciliano Ramos, o alagoano nascido em Quebrângulo, que narrou com aguçada sensibilidade os sofrimentos de uma família que só queria encontrar o seu lugar no mundo.

O romance é construído a partir de personagens muito interessantes. Maria Luiza me fez lembrar Sinhá Vitória, a mãe da família. Em ambas as histórias há a prevalência da mulher como elo simbólico que ata a realidade ao sonho. Mas há uma diferença. Sinhá Vitória conseguiu enganar a morte. De maneira valente e heroica, contornou as ciladas que poderiam finalizar o percurso de sua família. Vedou as janelas para que o sonho da sobrevivência não fosse roubado. Maria Luiza não conseguiu o mesmo. É lamentável. A vida não lhe concedeu o mesmo destino que a caneta de Graciliano concedeu à mulher da ficção. A mulher real perdeu a batalha. Mas ela não perde sozinha. De alguma forma, a morte de Alcides nos atinge. Estamos no mesmo mundo. Sofremos das mesmas inseguranças. Perdemos da mesma forma.

A vulnerabilidade de vida cresce a cada dia. A cultura de morte é uma realidade inegável. A droga gera a violência, a violência gera a droga. É neste círculo vicioso que os assassinos são fabricados. À luz do dia. Nos semáforos de nossas cidades encontramos crianças que deveriam estar na escola. O futuro não será promissor. Estão a serviço de adultos irresponsáveis que compreenderam a paternidade como mero exercício de função biológica. Trouxeram ao mundo, mas não os conduzem ao melhor do mundo. Entregam-nos de maneira covarde e cruel ao relento dos desafetos.

Meu amigo, fico pensando no que podemos fazer. Nossas ações concretas são importantíssimas. É o que faz padre Júlio Lancellotti, o grande homem que a vida me permitiu conhecer de perto. Recolher das ruas menores abandonados é o imperativo ético que o Evangelho soprou em seus ouvidos.

Padre Júlio é um nome em meio a tantos outros que estão empenhados na reforma da sociedade. Precisamos utilizar todos os recursos que temos. Aqui, neste livro que construímos juntos, há uma oportunidade de ajudar nessa reforma. Nosso instrumento é a palavra. Ela pode acordar, recordar, convocar.

Gabriel, você tem razão. Nossa escrita precisa ser santa. A matéria-prima de nossas falas é real. Pulsa nos recônditos de nosso país, sobrevive em lugares que nossos olhos não alcançam. Está nos cotidianos diversos, falando línguas que não compreendemos, mas está expressa a partir de sentimentos universais. Chorar não requer tradução. Sorrir, também não. A dor que dói no Japão é a mesma que dói aqui. As questões humanas são universais.

É sobre isso que escrevemos. Sobre as dores do mundo. Dores que andam pelas ruas que frequentamos. Elas nos esbarram o tempo todo. Nossas palavras são extraídas de pessoas concretas. Gente que anda, que reza, que ama, que adoece, que esquece, que vive e que morre.

As Severinas estão por todos os lados. Os Alcides, as Sinhás Vitórias. A ponta da pena, recurso antigo que já não usamos mais, é o lugar por onde todas essas pessoas recebem o direito de contar as suas histórias. Vidas que evangelizam, ensinam, transformam, porque inspiram.

Meu amigo, escrever é oferecer direito de fala aos que não sabem, ou não podem dizer. O ofício do escritor tem caráter redentor. A escrita é instrumento de purificação. É instrumento catártico. Quando comprometida com a verdade, conduz o leitor a um estado maior de clareza interior. Essa clareza é fundamental para a boa ação. A bondade que queremos para o mundo passa o tempo todo pelo instrumental da palavra.

É por isso que a palavra tem centralidade nas grandes religiões monoteístas. Há um exemplo de que gosto muito. No Antigo Testamento, mais precisamente no relato da Criação, que está no livro do Gênesis, encontramos a descrição do processo de feitura do mundo (Gn 1, 1-31). O relato fala de como a realidade foi ordenada.

Segundo o escritor sagrado, toda a ação divina nasceu de uma palavra dita. O caos que antes prevalecia perdeu a sua força com o pronunciamento da palavra que ordenou a vida.

Gabriel, a partir da Criação, Deus começa a sua incursão na história da humanidade. A este processo chamamos de Revelação, essa tentativa incessante da parte de Deus de comunicar-

-se com os homens. A sua comunicação não tem outro objetivo senão salvar, curar, redimir. Deus quer se revelar, mas para que isso seja possível é necessário utilizar-se de signos humanos. Ele escolhe a palavra. A palavra é o centro dessa Revelação. É neste contexto que entram os portadores da Palavra divina. Patriarcas e profetas são os magnos representantes nesta primeira fase.

Meu querido, essa história é compreendida de diversas formas. Mas o mais interessante é que todas as grandes religiões do mundo giram em torno de um livro santo. O livro é o lugar da palavra que as religiões consideram como divina. É através dela que a humanidade busca os vestígios de Deus. Cada religião busca ao seu modo.

Nós, cristãos católicos, acreditamos na verdade da Sagrada Escritura. É nela que encontramos o itinerário da palavra de Deus que nos leva até a Plenitude da Revelação que é Jesus. Compreendemos o Antigo Testamento como uma preparação importantíssima para todo o contexto do anúncio que Jesus realiza. O Novo Testamento não suplanta o Antigo, mas torna-se o referencial hermenêutico para sua compreensão.

Gabriel, o preâmbulo do Evangelho de João tem uma conexão estreita com o relato da Criação que está no Gênesis.

> No princípio era o Verbo, e o Verbo estava com Deus, e o Verbo era Deus. Ele estava no princípio com Deus. Todas as coisas foram feitas por intermédio dele, e, sem ele, nada do que foi feito se fez. (Jo 1, 1-3)

Veja que interessante. O Verbo é colocado como participante da ação divina. Mais que isso, é colocado numa identificação total. A teologia mora nas preposições. Analise. "Com" ele, e "por" ele. Preposições que nos ensinam a verdade da ação trinitária. Tudo em Deus é vida compartilhada entre as três pessoas. Mais adiante, no versículo 14 do mesmo texto, está a descrição da entrada de Deus na história através do Verbo. "E o Verbo se fez carne e habitou entre nós."

Meu amigo, a teologia da encarnação do Verbo protege uma beleza inenarrável. O Verbo que esteve na organização da vida inicial agora encontra lugar no ventre de uma mulher. Deus assume a carne humana. A mesma palavra que disse a ordem inicial agora tem a sua tenda estendida entre os homens.

Veja que ligação interessante. O Antigo Testamento sugere que toda a realidade criada nasceu da palavra dita por Deus. Tudo está diretamente conectado à ordem que Deus diz. A palavra pronunciada é sentença de vida. A força da voz divina desfez a força do caos. Agora, depois de vivido um processo de manifestação dessa palavra na história do povo de Israel, Deus resolve assumir a condição humana. Por meio do Verbo, ele alcança de maneira definitiva os caminhos da história.

A vida de Jesus gira em torno da palavra que ele anuncia. Ao anunciar a palavra, ele anuncia a si mesmo. Ele é a palavra encarnada. Parece complicado, mas não é. Jesus é a manifestação histórica de Deus. Ele é Deus.

No centro de sua pregação está o conceito de Reino de Deus. Este conceito é central nos escritos neotestamentários. Eles nos apontam para a concretização de tudo o que a palavra de Deus sugere. É por meio dela que a Criação reencontrará a harmonia inicial que foi perdida. É em Jesus, o Verbo encarnado, que a condição humana é lavada de toda sua história de erros e enganos.

Gabriel, todo este passeio teológico é só para salientar que nossa palavra precisa continuar este mistério da encarnação. Jesus não quis outra coisa senão a instauração de um reino onde os meninos não seriam assassinados, nem tampouco que as mães tivessem que sepultar os seus filhos. O desejo de Jesus é a prevalência da justiça, do amor, da igualdade, da verdade e da vida.

O mundo está cheio de sinais de morte e desesperança. Nossa poesia precisa ser profética. É mister que nosso ofício de escrever reabilite o discurso dos patriarcas e profetas. Precisamos buscar a palavra que reordena a vida. A palavra que desfaz o caos.

Precisamos verdadeiramente dizer. Para que outros ouçam. Para que outros se sintam motivados com o que dizemos. Graciliano Ramos, o mesmo que citei no início desta carta, compara o seu ofício de escritor com o ofício das lavadeiras de roupa. Ele faz uma comparação interessante:

> Deve-se escrever da mesma maneira como as lavadeiras lá de Alagoas fazem seu ofício. Elas começam com uma primeira lavada, molham a roupa suja na beira da lagoa ou do riacho, torcem o pano, molham-no novamente, voltam a torcer. Colocam o anil, ensaboam e torcem uma, duas vezes. Depois enxáguam, dão mais uma molhada, agora jogando a água com a mão. Batem o pano na laje ou na pedra limpa, e dão mais uma torcida e mais outra, torcem até não pingar do pano uma só gota. Somente depois de feito tudo isso é que elas dependuram a roupa lavada na corda ou no varal, para secar.
>
> Pois quem se mete a escrever devia fazer a mesma coisa. A

palavra não foi feita para enfeitar, brilhar como ouro falso; a palavra foi feita para dizer.

Meu amigo, a estética da palavra não basta para tornar um discurso bonito. Costurada na estética da palavra é preciso estar a ética. O escritor tem razão. O brilho não basta. É desconcertante, mas nem sempre é possível encontrar coerência no discurso rebuscado. É preciso reconhecer que, muitas vezes, é no opaco do texto que está o brilho abscôndito da verdade.

Sempre acreditei no poder transformador da palavra. A palavra lavra a alma, abre sulcos, esclarece, reorienta. Experimento em mim essa força transformadora. Sempre fui afeito às reflexões. É impressionante como é possível mudar o jeito de sentir a vida a partir de uma reflexão.

Gabriel, há reflexões que reconheço como edificações monumentais. São grandiosas. Atraem os olhos, exercem fascínio, encantamento. Mais que isso. Elas nos transformam, porque nos dizem. Assim como os palácios renascentistas são atraentes aos olhos dos que passam, um pensamento bem argumentado, refletido, também tem a possibilidade de despertar assombro. Não é interessante pensar que a filosofia de Aristóteles está para o mundo assim como o palácio de Versalhes está para a história da arquitetura?

Gabriel, todo o pensamento produzido ao longo da história da humanidade é infinitamente superior às edificações concretas que as culturas já produziram. O pensamento precede as paredes, as abóbadas, as cúpulas e os jardins. As construções não nascem por acaso. Foram projetadas a partir de uma filosofia, de uma teologia.

Antes da obra, o pensamento. Uma catedral é expressão de uma forma de pensar. As construções góticas nos apontam para um jeito específico de interpretar o mundo. As torres buscam o alto. Aquelas edificações sugerem uma mentalidade totalmente voltada para a transcendência. Já as construções romanas seguem traços mais retos, horizontais. Os romanos queriam dominar o mundo. Por isso eles construíam de maneira esparramada. Era uma forma de dominar os territórios.

Meu amigo, o certo é que a palavra bendita precisa alcançar os nossos ouvidos. Quem sabe assim a gente se antecipe à chegada dos assassinos. Só a palavra bendita pode reorientar as escolhas que fazemos. Só ela pode parar a fabricação dessa cultura de morte que nos assola.

Na história de Graciliano Ramos, Sinhá Vitória se apresenta como aquela que não deixa o sonho morrer. A secura do chão não atingiu a sua alma. A vida que secava ao redor deles não poderia alcançar as raízes de suas almas. O relato dos sonhos servia como anestésico para que Fabiano esquecesse um pouco a dureza da realidade.

Sinhá Vitória não negligenciava sua responsabilidade específica de mulher. Carregava sobre os ombros o duro fardo de manter vivo o significado de seus seios. A vitalidade dos seus filhos e marido passava pelo seu corpo, como se o parto nunca mais pudesse ter fim, como se estivesse condenada a reconduzir aqueles corpos secos ao interior de um ventre simbólico, para que lá voltassem ao viço que a luta sertaneja reclamava. O que a secura do sertão consumia, os seus sonhos precisavam devolver.

O destino de sua família estava diretamente ligado ao tanto que seus lábios conseguiam sorrir, discursar, alimentar, fomentar sonhos. Sua palavra envolvida de poeira e sol quebrava o silêncio daquela marcha extenuante. Pelas veias de suas palavras corria um sangue redentor, capaz de aliviar o corpo e os sentidos.

> Fabiano ouviu os sonhos da mulher, deslumbrado, relaxou os músculos, e o saco da comida escorregou-lhe no ombro. Aprumou-se, deu um puxão à carga. A conversa de Sinhá Vitória servira muito: haviam caminhado léguas quase sem sentir.

Meu amigo, a palavra era tudo o que Sinhá Vitória possuía. A carência de recursos não lhe fez esquecer-se da força simbólica de sua palavra. Era através dela que ela reordenava as vidas secas deles para a fonte que poderia renutri-las. Desfazer o caos é o principal papel da palavra que motiva sonhos, esperanças e mudanças.

É estranho, mas diante da tragédia costumamos perder as palavras. O primeiro impacto de tudo o que nos retira o prumo costuma ser a falta de argumentos. O silêncio que de tão fundo parece que nunca mais terá fim. Talvez seja por isso que Maria Luiza tenha ficado tão calada diante da tragédia do filho. Vi algumas notícias sobre o assassinato e notei que seu rosto estava mergulhado num silêncio profundo. É natural. O verbo lhe foi retirado. O mesmo que um dia ela recebeu no ventre. O mesmo que ela teceu cuidadosamente, assim como as rendeiras de Pesqueira teciam as suas rendas.

Meu querido amigo, a história de Maria Luiza me coloca diante da necessidade de uma ação. Não quero deixar morrer a motivação que o relato dessa tragédia me trouxe. Diante da palavra é preciso reagir. Há um miniconto de Lygia Fagundes Teles que acho genial. Nele podemos ver o quanto a interpretação que fazemos das palavras é determinante para a nossa ação. Ela diz: "Fui me confessar ao mar. E o que ele disse? Nada".

Diante da resposta que a poetisa nos entrega só há duas possibilidades. Ou ficamos com o vazio do silêncio que o nada sugere, ou ficamos com o imperativo do verbo. Eu escolho o segundo. Diante do mar que nos assusta eu prefiro nadar.

Continuemos adeptos da palavra que bem aventura, meu irmão querido. Se optarmos pelo silêncio, as armas não deixarão de gritar.

Com meu carinho e bênção,

Pe. Fábio de Melo

Décima terceira carta

Querido Padre Fábio,

Vidas secas, tão bem comentado em sua carta, serve de ponto de partida para numerosas reflexões sobre a vida, sobre a esperança.

Vivemos em uma época em que o tempo foi perdendo significado. Lamentamos a ausência de tempo e desperdiçamos o tempo com ausência de intenções. A secura está distante do oceano contemplado por Lygia e está mais perto de um pôr do sol falacioso. Era esse o convite de Ricardo a Raquel em "Venha ver o pôr do sol", um conto que dói pelo desfecho sem esperança. A linguagem retrata as emoções doentes do homem que não admite perder sua mulher. "Sua" não como pronome possessivo carinhoso, mas como desvirtuação do ser e do ter, como esfacelamento de vidas que se tornam indignas por não dividirem com outras vidas um pôr do sol. Ricardo, sabendo-se deixado, convida Raquel para um último pôr do sol antes do término da relação. Raquel, desavisada, cede aos seus caprichos e vai. Talvez por vaidade, talvez por desejo de manter acesa a chama que não mais lhe arde. Afinal, que mal há em contemplar um último pôr do sol ao lado de quem ontem tinha algum significado? Ricardo decide internamente que, sem ele, ela não teria direito de contemplar nenhum pôr do sol. E Lygia Fagundes Telles, como uma artesã poética dos dramas humanos, conta sobre os perigos de túmulos abertos por homens sem coração.

A dor de uma separação não justifica um fim. A vida é maior do que um momento. É o tempo o segredo, amigo. O tempo cantado no belíssimo livro de Eclesiastes. Para cada coisa, há um tempo. As palavras são portas sim, você tem toda razão. Há momentos, entretanto, em que precisamos dizer as palavras para nós mesmos. É uma conversa íntima em que nos convencemos de que há outras possibilidades na travessia. Sinha Vitória falou com Fabiano, como bem você narrou, mas falou antes com ela mesma. Era a palavra dita nas suas entranhas que abria as janelas para outras possibilidades. Sem isso a palavra perde sentido, perde poder. O sonho de Sinha Vitória era o de ter uma cama. Uma cama? Parece simples, não é? Uma cama tem um significado muito mais profundo do que um colchão sobre estrado. Uma cama é sonho de permanência. Permanecer é deixar de buscar ou é buscar sabendo que se tem para onde voltar. A valentia está na busca, mas é preciso ter para onde trazer o que se aquinhoa. A rede tem o seu valor, mas sua forma, acostumada à vida nômade, carece de uma paragem mais duradoura. Isso é coisa de cama na metáfora de Graciliano.

Amigo, tenho convivido muito com homens desiludidos com suas mulheres, com mulheres desconfiadas de seus homens. Tenho escutado histórias de traição e de vingança. E desabafos de personagens derrotadas pela quebra do pacto do amor. Dia desses, um jovem de menos de trinta anos jurava ter desistido de viver por ter descoberto a traição da namorada, quase esposa. Chorou um choro doído, contorceu-se de uma dor comovente. Falou de frases numerosas vezes repetidas pela mulher que o apunhalou. Ouvi atentamente, que é o que mais vale nessa hora, e ousei sugerir que ele compreendesse o curso do tempo. O luto necessário fortalece. O choro nos aproxima de quem somos, seres dotados de emoção. As janelas fechadas significam que a casa está sendo arrumada, que a sujeira está sendo limpa e que os enfeites estão encontrando o seu espaço para adornar e dar aconchego. Há o tempo da reforma e o tempo da inauguração. Em tempos de reforma, é melhor não trazer muita gente. A poeira pode dar uma impressão desagradável, as toalhas sobre as poltronas não são tão convidativas. Quando tudo estiver organizado, os convidados serão bem-vindos.

Não se pode culpar alguém por amar demais. Não se pode jogar terra sobre as flores pequenas, mimosas que se desabrocham à procura de vida. É de Chico Buarque esta preciosidade. Em "Valsa brasileira", Chico Buarque fala de um amante que vive a buscar a amada. Um amante que corre contra o tempo.

> Vivia a te buscar
> Porque pensando em ti
> Corria contra o tempo
> Eu descartava os dias
> Em que não te vi
> Como de um filme
> A ação que não valeu

Esse romantismo é lindo, amigo. Um amante que vive a buscar a amada. Um amante que corre contra o tempo e que descarta os dias em que a imagem ficou fora da casa. Da casa, mesmo aquela de esquina, simples, mas enfeitada com um significado.

Prossegue a canção em um trecho:

Subia na montanha
Não como anda um corpo
Mas um sentimento

A velocidade de um sentimento é outra. O desejo antecipa a estação que ainda descansa. O inverno se despede antecipadamente ou fica, mas com a promessa de dar calor. São brasas em pleno inverno que nos acendem. Provamos que temos o poder de derrotar o que nos tenta congelar. O frio é um pretexto a mais para que o abraço desafie o tempo.

Em outra canção, "Todo o sentimento", o mesmo Chico, conhecedor da alma feminina com a delicadeza de um poeta maior, nos faz pensar no "tempo da gente", no tempo com o poder de refazer o que desfez.

Preciso não dormir
Até se consumar
O tempo da gente.
[...]
Pretendo descobrir
No último momento
Um tempo que refaz o que desfez

É possível consumar o tempo da gente? É possível um tempo com o poder de refazer o que desfez?

E por que o que desfez, desfez? Por que a cristaleira foi ao chão? Quem desfez o cuidado com que cada pequena joia foi sendo ajuntada com o tempo? Quem brincou desautorizadamente?

> Depois de te perder,
> Te encontro com certeza,
> Talvez num tempo da delicadeza

Que tempo é esse, o *tempo da delicadeza*? Se soubéssemos a resposta, talvez tivéssemos preservado a cristaleira.

Quantas palavras são ditas sem que o *tempo da delicadeza* tenha chegado. Quantos sentimentos são espezinhados por disputas inglórias. Onde há amor não há competição, há cooperação. Onde há amor não há vencedores e derrotados, há seres iluminados que não poupam nem usurpam a luz. É uma troca. O tempo da delicadeza é o tempo em que surpreender é um verbo que transita diretamente da emoção à razão e que desautoriza a gente a se desvencilhar da gente. Isso tudo com as luzes acesas dos dois lados. É um espetáculo cotidiano em que as sombras não são convidadas. Se há dúvida, o melhor a fazer é esperar e, se necessário, transitar em outros quintais.

Não há amor roubado, amor decidido isoladamente. Lutas de amor sem amor são inglórias. Pedaços de tecido arrancados de forma humilhante não aquecem, migalhas pedidas com suplicação não espantam a fome. E aí é necessário convidar o tempo, não para buscar o amor que consuma o tempo da gente, mas para compreender um amor consumido por nunca ter existido.

Ilusões moram em nossa casa e nos atormentam. Alimentamo-nos de desperdícios. E esperamos. Assim mesmo, sem complemento algum. Vestimos a fantasia que nos cai bem e dançamos solitários a presença imaginária. E mais nada. Perda de tempo, perda de energia.

Dom Casmurro, consumido, encerra a sua narrativa de um amor intenso, doentio ou ingênuo, refletindo sobre o cumprimento da missão que se impusera e a inexorabilidade de seu destino de homem:

> O meu fim evidente era atar as duas pontas da vida, e restaurar na velhice a adolescência. Pois, senhor, não consegui recompor o que foi nem o que fui. Em tudo, se o rosto é igual, a fisionomia é diferente. Se só me faltassem os outros, vá; um homem consola-se mais ou menos das pessoas que perde; mas falto eu mesmo, e esta lacuna é tudo.

Seria a resposta de Bentinho casmurro aos versos de Chico Buarque? O desejo da descoberta de *um tempo que refaz o que desfez* e a perda do tempo e da energia.

Se pudéssemos buscar um diálogo imaginário entre o Bruxo do Cosme Velho e o Padre dos Sermões talvez conseguíssemos aquietar um pouco o desejo desajeitado de preencher a lacuna do tempo. Tanta raiva e solidão de Bentinho, tanta dúvida, tanta adolescência na velhice. E tanto desejo. *Os olhos de ressaca* habitavam, depois de tanto tempo, os seus mais desobedientes sentimentos.

O poder da oratória conceptista de Vieira lhe asseguraria que:

> Tudo cura o tempo, tudo faz esquecer, tudo gasta, tudo digere, tudo acaba. Atreve-se o tempo a colunas de mármore, quanto

mais a corações de cera! São as afeições como as vidas, que não há mais certo sinal de haverem de durar pouco, que terem durado muito. São como as linhas que partem do centro para a circunferência, que, quanto mais continuadas, tanto menos unidas. ("Sermão do mandato", 1643)

Para Casmurro, não curou... alimentou-lhe a indignação com o duvidoso, a raiva das possibilidades, a solidão inevitável. Deveria o tempo ter curado o amor. Mas foi o amor que adoeceu o tempo.

Ouvimos vozes que nos convidam a outra dança, mas damos a desculpa de que a porta da frente está prestes a se abrir. E o tempo da velhice será apenas o tempo da espera. E a espera será sem sabor. Porque nem a memória é capaz de inventar o que não aconteceu.

Por que tanta teimosia? Por que usar o vestido de noiva antes de o noivo ter aparecido? Por que alugar o traje ou emprestar de alguém se a noiva nem sequer dobrou a esquina? Será que há alguma noiva? Será que é possível arrancá-la ou arrancá-lo de algum livro encantado? Ficção e realidade ocupam espaços distintos.

Mas o que fazer se o amor teimar em não chegar? Pergunta contraditória. O amor nasceu junto. O sol não pode sair em busca de calor se é ele a essência do calor. O amor é nossa matéria-prima. Nós somos o amor. Um amor que, miraculosamente, é uno e múltiplo. É singular e plural. O amor pode, tem licença para desdizer a lógica.

Você falou do padre Júlio Lancellotti. Eu conheço e admiro esse sacerdote. Quanto amor há no seu olhar e na sua ação!

Certa feita, fui com ele visitar vítimas de uma enxurrada que levou os sonhos de muita gente. Entramos em barracos destruídos e em barracos em risco de destruição. Seus olhos eram de compaixão. Muitos daqueles moradores o reconheciam. Pediam a bênção. Choravam. Contavam histórias de dor. Em um dos barracos, um funcionário apressado exigia que a mulher saísse imediatamente do seu espaço pelos riscos de novo deslizamento. A mulher gritava desesperada dizendo que toda uma vida estava ali, naquele cômodo, naquele pequeno espaço. E que não sairia. Que defenderia o que era seu até o último momento. O funcionário ameaçava. E ela mais brava ficava. Foi quando o padre Julio interveio dizendo que ela decidiria se sairia ou não. E no tempo dela. Eis mais uma vez o *tempo da delicadeza*. Um amor diferente. Um amor irmão. O padre abraçou a mulher e disse que compreendia a sua angústia e que sabia que tudo o que estava ali era seu por direito. Mas que tinha medo que alguma coisa acontecesse com ela porque a vida dela era o que de mais precioso havia naquele cômodo. A mulher chorou, agradeceu e se convenceu. Assim, no *tempo da delicadeza*, ela se decidiu. O resto, nós ajeitamos depois, disse o sacerdote. O essencial estava preservado.

Corremos o risco de que nossas coisas tenham mais importância do que nossa vida. O jovem abandonado, do conto de Lygia, resolveu enterrar outras possibilidades na vida da mulher amada. Estranho, não é? Enterrar um amor ainda em vida? Planejar um último pôr do sol se gratuitamente o sol se põe para todos, todos os dias? Estranho laçar alguém com o trunfo de uma pertença, como um caçador. E depois empalhar para não ter riscos. Um pássaro vivo pode voar. Um pássaro empalhado fica sempre no mesmo lugar. Um pássaro vivo, entretanto, canta, brinca, pula e voa. E seu voo tem volta se o espaço do aconchego foi oferecido.

Se o pássaro quiser ir, amigo, o melhor é abrir as mãos e ter a dignidade de dizer adeus. A despedida será dolorosa, mas o tempo se encarregará do necessário. Prender o pássaro, empalhar o pássaro ou jogar terras sobre a amada será pedir ao tempo que ele resolva o que não lhe compete. As agruras do remorso são mais terríveis do que a dor da saudade.

Voltando a Vieira e à sua mestria, é dele esta profissão:

> Quis-nos declarar Salomão — diz Agostinho — que o amor que é verdadeiro tem obrigação de ser eterno, porque, se em algum tempo deixou de ser, nunca foi amor [...]. Notável dizer! Em todas as outras coisas o deixar de ser é sinal de que já foram; no amor o deixar de ser é sinal de nunca ter sido. Deixou de ser? Pois nunca foi. Deixastes de amar? Pois nunca amastes. O amor que não é de todo o tempo, e de todos os tempos, não é amor, nem foi, porque se chegou a ter fim, nunca teve princípio. É como a eternidade, que se, por impossível, tivera fim, não teria sido eternidade [...].

Não possuímos as pessoas, amigo. Não temos o direito de empalhar seres humanos com a desculpa do amor, pois, segundo Camões:

> Mudam-se os tempos, mudam-se as vontades,
> Muda-se o ser, muda-se a confiança;
> Todo o mundo é composto de mudança,
> Tomando sempre novas qualidades.

E no mesmo diapasão de Camões, mudam os amores, mas não acabam. O amor é livre. Arriscadamente livre.

O tempo talvez nos ensine, se tivermos paciência, a conviver com essa liberdade. O tempo é a escola dos sábios. E a sabedoria uma preciosidade que recebemos de Deus.

Os jovens, às vezes, são apressados, querendo resolver tudo de uma vez. É preciso que a ferida se cicatrize para evitar aborrecimentos. Os mais velhos compreendem, na leveza dos passos, que uma queda é dolorosa demais. E vão aos poucos. Os jovens temem por um futuro incerto. Os mais velhos conquistaram um futuro e querem preservá-lo. Os jovens buscam rapidez nas experiências para que outras experiências cheguem. Os mais velhos, experimentados, gostam do sabor demorado do que já chegou e se foi tantas vezes. O *tempo da delicadeza* é o tempo dos jovens e dos velhos. É o tempo dos amantes cujos amados não estão enfeitando prateleiras, mas estão em construção. Têm movimento. Exalam aroma. Perfumam. Em outras palavras, já utilizadas por nós, os amantes enxergam os amados e os amados amam os amantes que são também amados e enxergados. Nada de invisibilidade. Se só há espelhos na sala de visitas, talvez eu corra o risco de não reparar nas visitas. O mito de Narciso tantas vezes recontado é risco iminente. O lago é convidativo. O espelho também. O tempo do deslumbramento, da vaidade exacerbada, da mesquinharia de sentimentos não é o tempo do amor.

Na efemeridade da vida, vida de um tempo fugaz, talvez descubramos o ofício de encontrar o essencial. E o essencial nos desafia a viver o dia intensamente.

Que havemos d'esperar, Marília bela?
Que vão passando os florescentes dias?
As glórias, que vêm tarde, já vêm frias;
E pode enfim mudar-se a nossa estrela.
    Ah! não, minha Marília,
Aproveite-se o tempo, antes que faça
O estrago de roubar ao corpo as forças,
    E ao semblante a graça.

Juntemo-nos ao rebanho do pastor Dirceu e ao seu amor, de instante eterno e intenso, por Marília, meu amigo. *Carpe diem*!

Carpe diem, padre Fábio, é um conceito utilizado desde Homero na *Ilíada* e na *Odisseia*, e nascido como palavra na obra de Horácio. O sentido foi muito bem explicado no belo filme *Sociedade dos poetas mortos*. *Carpe diem*. Aproveite o dia. Aproveite a ocasião. Aproveite as circunstâncias.

Enquanto escrevo solitariamente essas palavras, aproveito a minha solidão. Quando encontro amigos que me incendeiam de futuro e que brincam de passado comigo, é a eles que ofereço o momento sagrado. Quando falo, aproveito a fala e quando silencio, aproveito o que a fala de ontem fala hoje em mim. Recebo e entrego o tempo todo a proveitosa ventura de viver e conviver. São laços que nos fortalecem, amores que nos preenchem em tempos de delicadeza.

Obrigado, amigo, por pemitir revelar as minhas certezas provisórias em cartas desobrigadas. Fazemos isso com o intento amoroso de nos conhecermos melhor e, nos conhecendo, de cruzarmos juntos as veredas da sinceridade. E tudo livre como livre é o amor. Somos irmãos, amigo. Isso já revelamos. Somos amigos, irmão. Isso já decidimos. É por isso que as nossas cartas nos convidam a aproveitar o dia, aproveitar a vida. *Carpe diem*. Use o seu talento para que o Cristo, que com tanta poesia você apresenta, seja cada vez mais o sinal de um amor que é mais do que um livre convite, é uma obrigação voluntária.

Quem quiser experimentar a liberdade, comece amando. E todo o tempo será o *tempo da delicadeza*.

GABRIEL

Décima quarta carta

Meu querido amigo,

Obrigado pela delicadeza de suas palavras. Nelas há a prevalência de um conhecimento maturado, revestido de sensibilidade rara. Suas palavras acenam mudanças. Chegam como viajantes que empunham promessas de vida nova, porque encontraram a terra prometida. O motivo é simples. Elas me motivam. *Carpe diem*. Aceito o convite. Aceito o desafio de não permitir que a morte prevaleça sobre minhas esperanças. E na tentativa de não me perder de meu compromisso com a vida, assumo a postura sensata de querer um dia de cada vez.

Digo isso porque o embate do tempo está em mim. Sou a mistura de passado, presente e futuro. É neste ponto de convergência que estou situado. Se me prendo ao que foi, corro o risco de reduzir minhas possibilidades ao exercício de recordar. Fico preso às alegrias e dores que já não existem mais. Reduzo minha experiência humana às reminiscências. Se me prendo ao futuro, é provável que minha vida se transforme numa espécie de planejamento. Estabeleço metas, previno, preparo.

As duas posturas são redutoras. O esquecimento do presente é o mesmo que não viver. O desafio é articular os três tempos. Ter os olhos abertos para o presente que nos envolve, munido da sabedoria de tudo o que se foi, e amparado pelas esperanças do que ainda será.

Nisso consiste a força do *Carpe diem*. O tempo presente é matéria-prima principal. É nele que nossas reais possibilidades de realização são construídas.

Nosso empenho precisa estar nisso. Fazer caber nas mãos o que queremos da vida. Gabriel, há sempre uma fração de vida que precisa ser celebrada. Todos os dias tenho diante de mim uma fartura imensa de vida, mas preciso escolher a parte dessa fartura que verdadeiramente necessito. A escolha que fazemos é definitiva para nossa realização.

Você recordou a sabedoria bíblica que está em Eclesiastes. "Debaixo do céu existe um tempo para cada coisa" (Ecl 3, 1). É verdade. Essa compreensão retira o peso opressor da pressa. Mas não é fácil aplicá-la na realidade. A pressa que temos nos denuncia. Queremos conciliar o inconciliável. Queremos antecipar o futuro. Queremos reabilitar o passado. Por isso a pressa nos adoece. Estamos vivendo da mesma forma que o coelho de Alice, o célebre personagem da obra de Lewis Carroll.

Meu amigo, estamos em constantes embates com o tempo. Precisamos fazer caber num curto espaço de horas uma infinidade de atividades. Não queremos deixar nada para depois. Temos medo da inutilidade. Queremos agir, queremos realizar. A ação nos alivia de nossas ausências. Ela nos faz esquecer, ainda que por breves momentos, a nossa indigência irrenunciável.

Por isso precisamos tanto de agendas. E cheias. Quanto maior o número de compromissos, maior é a sensação de segurança. Estranho, não é? É como se a data já preenchida nos assegurasse um vínculo com o mundo. Vínculo que passa pela atividade que nos torna úteis, necessários. É como se a agenda repleta de atividades nos aliviasse a sensação de perda que o tempo vai nos herdando. Ele passa. E com ele nós também vamos passando.

A maneira como escolhemos passar é determinante no resultado final da vida. O tempo pode nos esmagar. É fácil que isso aconteça. Mas há um espaço de respiro nesse domínio que ele realiza.

Na viagem que fiz à África conheci dona Augusta. Mineira e atualmente vivendo em Goiânia, dona Augusta é uma senhora encantadora. Ela me contou que depois de aposentada resolveu dedicar-se aos serviços voluntários. Ela trabalhou muito ao longo da vida. Teria todo direito de viver este tempo de aposentadoria no sossego de seu lar, mas não. Quando lhe perguntei sobre o motivo de não ter feito essa opção, ela me confessou que ainda tem muitos sonhos que precisa realizar. Achei instigante a sua maneira de lidar com o tempo. Percebi que ela não espera o despontar do dia primeiro de janeiro para que o seu ano seja novo. A urgência de realizar os sonhos que ainda nutre não lhe permite aposentar-se. E por isso ela não está presa às datas. O calendário interior é infinitamente superior ao que está pendurado na parede.

Gabriel, a história de dona Augusta me faz lembrar a pergunta desconcertante que recebi de um menino, ao final do ano passado. Ele queria saber sobre o significado do ano novo. Confesso que tentei dizer. Busquei as frases prontas que são tão comuns a essa época do ano, e prontamente me coloquei a repeti-las. Percebi que ele escutava tudo o que eu dizia, mas sem muito interesse. Ele voltou a insistir. Queria saber se haveria algum sinal que pudesse indicar a mudança do ano velho para o ano novo.

Eu fiquei sem saber o que dizer. O único sinal que me ocorreu foi a famosa queima de fogos que acontece na praia de Copacabana. Não tive coragem de dizer.

Apesar da pouca idade, o menino buscava por um significado mais profundo a respeito do tempo. Sem muitos rodeios ele argumentou que não conseguia perceber muito sentido nessa história de ano novo. Ele tinha uma visão prática da vida. E sobre ela me falou. Buscou realidades simples do seu contexto e exemplificou para que eu pudesse entender sua dúvida.

O menino estava coberto de razão. Sua visão prática era coerente, lúcida. Não há nada de novo no ano novo. O que muda é o relógio, o calendário, mas a vida continua o seu remanso de sempre.

Foi então que busquei extrapolar o seu discurso prático e lhe ofereci algumas porções do meu discurso simbólico. Eu também precisava sobreviver àquela conversa. Não queria sair dela embebido daquela praticidade que poderia fazer ruir minha capacidade de acreditar que existe alguma novidade à minha espera com o romper da nova década.

O menino me olhava interessado. Falei sobre o tempo e seus ciclos. Falei da psicologia das horas. Argumentei que a demarcação das datas pode ter repercussão nas almas das pessoas. A oportunidade de virar o calendário pode ter efeito positivo sobre aquele que se sente pesado, angustiado, sem esperanças.

Comparei o ano velho a uma gaveta que precisa ser limpada. Guardamos muitas coisas desnecessárias. Chega o momento em que precisamos fazer a triagem. É necessário limpar, jogar fora, abrir espaços para coisas novas. Ano novo e gaveta limpa podem ter os mesmos sentidos, sugeri. Toda vez que nós temos a sensação de um novo tempo, é natural que nossas almas sejam invadidas por esperanças. Faz parte do processo humano sofrer de esperanças.

A esperança é uma espécie de instinto de sobrevivência. O cansaço dos tempos idos pode dispor o nosso coração à possibilidade de mudanças. É como se houvesse uma saturação. Não queremos mais o peso do passado. Precisamos de outra oportunidade. O calendário novo nos oferece essa sensação. Ao saber que o ano velho está sendo finalizado, é possível que você se encha de expectativas importantes.

O menino me olhou com carinho e agradeceu. Voltou para o seu mundo de brinquedos e deixou-me diante da necessidade de conciliar os dois discursos. O prático e o simbólico. Desaforo. O discurso prático parece humilhar o discurso simbólico. Ele resolve porque é dotado de clareza. É lógico, curto, asfixiante.

Meu amigo, foi assim que me propus a receber o ano novo. Tentando equilibrar os dois discursos dentro de mim. Vez em quando eu me recordo da ótica do menino. Eu não a desconsidero. Ele tem razão. Se a gente não se empenhar na construção de um novo tempo, nada acontecerá. O ano novo será mesmice, repetição de erros, acomodação de posturas, condução medíocre de oportunidades, explosão de fogos que oferece brilho breve, assustadoramente fugaz.

Mas não precisa ser assim. Há sempre um motivo novo abscôndito nas velhas estruturas da condição humana. A isso chamamos de evolução, superação.

O menino me ajudou com sua ótica. Perdi o medo de ser prático na minha reflexão sobre o tempo. De fato, nada mudou. Mas também não posso deixar de admitir que há um vento suave me conduzindo para o coração do futuro. E assim eu vou. Abraçando o presente, passando o passado, aprendendo com essa dinâmica interessante, inventada por alguém que não sei dizer, que faz o ano velho ser novo de novo.

É nesse remanso que está o coração de dona Augusta. Para ela não importa o que diz o calendário. Outono, inverno, primavera ou verão, não interessa. A estação que prevalece é a estação dos sonhos. Sobre a dureza do tempo que nos envelhece, dona Augusta resolveu bordar os sonhos que ainda estão vivos em sua memória. O seu corpo já não tem as mesmas destrezas da juventude, mas isso não a condiciona. Ela deve ter aprendido com o poeta que "sonhos não envelhecem". A vitalidade de suas esperanças reativa os motores orgânicos de sua corporeidade.

Para dona Augusta, a mesa da vida está sempre posta. Ela não adia a celebração. E o mais interessante. Em sua mesa há sempre um lugar a ser oferecido. Ela atualiza no tempo o sugestivo significado da palavra "misericórdia". O serviço voluntário de dona Augusta diminui o sofrimento do mundo. Em suas mãos pequenas e frágeis a miséria da humanidade é lavada. Em partes, pequenas partes, ela redime e redireciona o movimento do tempo. Em dona Augusta o tempo pode até matar o corpo, mas jamais será capaz de matar os sonhos.

Meu amigo Gabriel, como é bom encontrar pessoas assim. Elas nos enriquecem, agregam valores, promovem mudanças. Sua carta chegou trazendo muita gente assim. Aliás, sua carta me proporcionou uma pequena viagem literária. Foi interessante reencontrar o contexto profundo dos personagens de Machado, atado à retórica eloquente de padre Vieira. De um lado está o escritor que não temeu descrever as mazelas humanas. A escrita vigorosa de Machado colocou à luz o subterrâneo da condição humana. De outro está o homem que cresceu sob a luz esperançosa da fé cristã. O que por Machado foi revelado com perspicácia e ironia, por ele foi refletido a partir de rebuscadas teologias. A condição frágil e inacabada do ser humano encontra redenção no Evangelho que padre Vieira anuncia.

Sua palavra está a serviço da superação das consequências do limite humano. Sofrer de limite é destino inevitável de toda criatura. A reflexão cristã busca oferecer sustento nesse processo de sofrer.

Gabriel, sua carta fala de medos, receios, mas há um elemento que perpassa todas as questões. A tristeza. Os personagens evocados por você sofreram na carne a força impetuosa do limite. Não foram amados, não foram fiéis. E por isso perderam a vitalidade que nos mantém em condições de receber a luz do dia.

A tristeza é um mistério. Onde está a sua raiz? É possível compreender a natureza da tristeza? Nem sempre encontramos resposta, meu amigo. O que sabemos é que ela costuma estar diretamente ligada à nossa incapacidade de viver de maneira positiva os limites que nos são próprios.

A antropologia de Blaise Pascal sugere o conceito de "insuficiência". Esse conceito nos parece muito mais indicado para alcançar a profundidade do significado desse limite humano. Sobre essa antropologia há um ensaio fascinante de Luis Felipe Pondé. Nele é possível mergulhar no contexto riquíssimo da Antropologia Pascaliana.

Logo na abertura da obra, Pondé nos presenteia com um texto belíssimo de Georges Bernanos em que há uma associação da tristeza humana à queda original. Ele diz:

> Nenhum raciocínio no mundo conseguiria provocar a verdadeira tristeza – aquela da alma – ou vencê-la, uma vez que ela tenha entrado em nós, Deus sabe por qual brecha do ser. O que dizer? Ela não entrou, ela estava em nós. Cada vez mais eu creio que isso a que nós chamamos tristeza, angústia, desespero, como que para nos persuadir de que se trata de certos movimentos da alma, é esta alma mesma, que, desde a queda, a condição do homem é tal que ele não seria capaz de perceber mais nada nele nem fora dele senão sob a forma de angústia. Não fosse pela vigilante piedade de Deus, parece-me que, à primeira consciência que tivesse de si mesmo, o homem se desmancharia em poeira.

O conceito de insuficiência humana que Pascal desenvolve refere-se à dependência positiva que o ser criado tem com o Criador. Gabriel, não quero aqui me delongar nessa questão. A reflexão de Pascal pode ter validade, ou não. Quero apenas recordar que nossos limites nos colocam nos braços da tristeza. É inevitável. Ela nos afeta. Faz parte da vida.

Vez em quando eu me pergunto: nascemos tristes? Ou é a vida que nos entristece? Há razão na premissa de Georges Bernanos?

A resposta não importa. Não faz diferença. Não há nenhuma teoria que seja capaz de impedir o entristecimento da alma. Mas há uma saída. Se não podemos impedir sua chegada, então resta-nos administrar o período de sua permanência.

Se faz parte de nossa condição original, ou não, isso não modifica a questão. O fato é que a tristeza existe. Bate à nossa porta, entra em nossa vida, configura-nos, expande espaço. Mas também é fato que vez em quando, pela força do próprio tempo, ela faz as suas malas e vai embora. É o movimento da vida.

Gabriel, minha mãe é um livro que não me canso de ler. Dona Ana me enriquece assim como me enriquece a antropologia de Pascal. No ano passado ela sofreu um acidente terrível. Sofreu uma fratura em espiral que teve início na bacia descendo até o fêmur. Estava pronta para uma festa. Ao sair de seu apartamento foi vítima do não funcionamento do sensor que acende a luz do hall. Ao escorar-se na parede, fez um movimento que não poderia ter feito. A osteoporose avançada foi a causa da fratura.

Ao encontrá-la no hospital, pude ver o seu rosto tomado pela dor. Sua expressão era de pavor. Nunca tinha visto aquela sombra sobre o rosto de minha mãe. Ela estava imobilizada numa maca, esperando para fazer as radiografias. Enquanto eu segurava sua mão, pude ouvir o relato do acidente. Segundo ela, foi a pior dor sentida em toda a sua vida. Nem os oito partos normais doeram tanto quanto aquela queda.

O resgate foi muito sofrido. A maca do resgate não cabia no elevador. Precisaram descê-la pela escada. A cada movimento uma fisgada de dor, como se as carnes fossem dilaceradas por facas afiadas. A perna sem controle era o lugar de seu calvário.

Minha mãe tornou-se o território do medo. A insegurança estava em todo o seu corpo. Pude ver isso em seus olhos. Assim que ela me viu chegar, o sorriso entre dores aconteceu. Choramos juntos. Ela me olhava e me agradecia por estar com ela.

Deitada na maca, notei que minha mãe escondia em sua mão direita um pequeno pedaço de papel. Perguntei a ela o que estava escrito ali, e ela me disse que eram os nomes dos rapazes que a resgataram. Com simplicidade e ternura ela me disse, como se me contasse um segredo: "Quis pegar o nome deles por dois motivos. Para rezar por eles e também para que você pudesse agradecer-lhes no seu programa!".

Gabriel, naquele momento tive oportunidade de conhecer um pouco mais a minha mãe. Era como se eu pudesse abrir mais uma página que até então estava lacrada de meu livro de cabeceira. O sofrimento agudo não a impediu de perceber as pessoas que a resgataram. Ela não queria que eles caíssem no esquecimento. A tristeza daquela hora não pôde lhe cegar. Ela preferiu percebê-los. Rezar por eles era o recurso possível para que eles não saíssem mais de sua vida.

Minha mãe e sua insuficiência. Minha mãe e seu desejo de não perder a oportunidade de viver. Os contrários em estado de reconciliação. A vida encontrando redenção no pequeno papel embrulhado nas mãos que sofrem de insegurança. O papel frágil, temporário, molhado de suor. Os nomes que não revelam os rostos, mas que são portadores de uma misericórdia que lhe serviu de suporte no momento da dificuldade. Nomes que não poderão ser esquecidos. Traços frágeis de uma caligrafia que já estão escritos na alma.

Meu amigo, aquela cena não poderá ser apagada de minha memória. O papel esmagado na mão me recorda uma opção que diferencia um ser humano no mundo. Em tempos de desespero, minha mãe abriu espaço para "um tempo de delicadezas". Fez a conversão, venceu a insuficiência, abriu espaço para a prevalência da sensibilidade que constrói a fraternidade.

Dona Augusta e dona Ana são mulheres semelhantes. Dona Augusta não se aposenta do trabalho. Ele é o campo de seu cultivo. É nele que ela reencontra a vitalidade para realizar os sonhos que ainda acomoda em sua alma. Minha mãe não trabalha. Tem limites demais para isso. Mas ela não se importa. O seu labor é outro. É a vida. E pelo que vejo, ela não tem planos de se aposentar tão cedo.

Outro dia, recuperando-se de um infarto na UTI, fazia planos de passeios para a segunda-feira. A voz amolecida pela anestesia não estava desanimada. Era sexta-feira. Tinha passado por um cateterismo. Mas os planos para a segunda não estavam desfeitos. Ela não trabalha com a possibilidade de morrer. Para ela só existe um plano: viver.

A morte vai chegar. É certo que vai. Mas, meu amigo, tenho outra certeza ainda maior. A morte vai encontrá-la cheia de planos para segunda-feira.

É assim que me despeço. Com a memória feliz que tenho do sofrimento de minha mãe. É com orgulho e satisfação que lhe entrego essa fatia de existência, esse pedacinho de papel amassado em minhas mãos.

Com meu carinho e bênção,

PE. FÁBIO DE MELO

Décima quinta carta

Querido amigo,

Sua mãe é realmente surpreendente. São de rir e de aprender as lições que ela nos ensina. Na UTI, ela faz planos para segunda-feira. É isso mesmo. Marca com as amigas e resolve que continuará viva. E se alguma dor vier, terá tempo de reparar em quem está por perto. Mesmo a dor mais terrível. O papel amassado com os nomes dos homens que a resgataram se explica no seu desejo de viver. Quem gosta de viver enxerga as pessoas. Quem não gosta de viver não tolera a convivência. Viver e conviver são dois verbos que se conjugam conjuntamente. Não é possível viver sem conviver nem conviver sem viver. A sede de vida é a sede de amizade.

Amigo, estamos nesta vida para viver, conviver e buscar a terra prometida. Você começou sua carta falando sobre isso. O que seria essa terra prometida? Nos meus idos tempos de seminário, escutava um padre que, nas homilias diárias para pessoas simples que madrugavam em busca da Eucaristia, nos ensinava piedosamente. Falava muito da história da salvação e do plano de Deus e falava em terra prometida.

Padre Lages, hoje com mais de cem anos, é profundo conhecedor do grego e do latim, detalhista na utilização da linguagem. Pesquisador ávido da língua portuguesa e de sua riqueza. É, enfim, um homem culto e polido. Toda essa profundidade se vislumbrava na simplicidade com que ele explicava a história da salvação e a terra prometida. Deus criou o homem e a mulher para que fossem felizes. Deus tudo criou. O homem e a mulher resolveram viver longe do amor e, então, viraram as costas a Deus. O homem e a mulher são livres para amar ou deixar de amar. Deus é amor e, portanto, resolve resgatar mulheres e homens que, distantes do paraíso, distanciam-se da própria razão da existência humana, a felicidade.

Padre Lages não entrava em detalhes das teorias possíveis para explicar a criação nem se utilizava de razões filosóficas para justificar a hermenêutica bíblica que não é uníssona. Continuava na simplicidade, como bom sacerdote, seguidor de Cristo, o homem das parábolas. Deus chamou Abrão, que se tornou Abraão para ser o pai de um grande povo. Depois dele, Isaac, a grande prova da fé, prosseguiu o patriarcado. Depois Jacó. Depois José e a chegada do povo ao Egito. Deus chamou Moisés para que o povo continuasse em busca da terra prometida. E Moisés libertou o povo e com ele caminhou pelo deserto. E, no deserto, o povo sofreu. E, no deserto, o povo se recordou do tempo da escravidão e, por incrível que pareça, teve saudade. Moisés não chegou a entrar na terra prometida. Foi Josué que continuou a missão.

Mas que terra era essa? A terra do leite e do mel? A terra da esperança? Talvez a terra da espera. Era a espera do Redentor que unia mulheres e homens tão diferentes. Era a espera da felicidade. E nasceu o Redentor e, de forma simples, nos ensinou a cruzar a ponte que nos devolve ao paraíso.

O paraíso não é um lugar e a ponte não foi feita de concreto. Muito sangue foi derramado para que a ponte fosse construída e para que, livremente, pudéssemos decidir cruzá-la.

A ponte que nos leva ao paraíso de nossas intenções e de nossas ações está pronta. É preciso atravessá-la. E a decisão é individual. E se renova todos os dias. O passado, como bem você colocou, nos acompanha. A promessa de futuro também. Mas a decisão está no presente. É hoje, exatamente hoje, que eu tenho de decidir se vou ou se fico. Se me lanço na paradisíaca experiência da vida ou se aguardo a morte em uma UTI. Fazer planos para segunda-feira é decidir percorrer a ponte. Enxergar quem está ao lado é, de igual maneira, percorrer a ponte. Percurso necessariamente recorrente. É um caminhar que se repete em uma atitude que se renova. O paraíso ou a terra prometida é o amor. É o amor em plenitude.

Naquelas celebrações matinais, eu ia sendo moldado. Somos barro, amigo. Barro que se molda por escultores que surgem a nossa frente. Os escultores são instrumentos do Amor Maior, e, quando damos autorização, obras-primas são edificadas.

Em alguns dias, o calor nos fazia companhia. Em outros, a madrugada fria nos desafiava. A disposição interior, entretanto, era a mesma. Pedaços de dores, angústias adolescentes, perguntas sem respostas. Alguns jovens, naquele espaço sagrado, confessavam as drogas que amarravam aos pés antes da ponte; outros falavam não de substâncias químicas que viciam, mas do vício da ausência de tema. Uma vida sem tema não é uma vida que mereça aplauso.

O tema da vida está muito além das agendas lotadas para dar alguma importância ao tempo. O tema da vida está na razão da própria vida e na sua administração. Você disse que, quanto ao entristecer da alma, *se não podemos impedir sua chegada, é preciso administrar o período de sua permanência*.

As mulheres e os homens do deserto sentiram saudade da escravidão. Essa saudade da escravidão é a felicidade adormecida. Escravizamo-nos em detalhes que não conseguimos compreender. A raiva vem com tamanha veemência e velocidade que nos pega desprevenidos. Magoamos desnecessariamente. Removemos informações apressadas. Mudamos o humor por detalhes. É evidente que os detalhes têm importância, mas sua importância maior está em dar à vida uma poética nova. Um toque de delicadeza da mulher amada é um detalhe que reanima. O sorriso de uma criança, um detalhe que enche de esperança. Um entardecer é um detalhe carinhoso no majestoso espetáculo da vida. Esses detalhes merecem atenção. Há outros como um tropeço qualquer, uma palavra estranha, um olhar ameaçador, um livro com rasura. Seria melhor que o livro não tivesse rasura, mas é possível continuar a leitura. Deixar o que vem pela frente com a desculpa da insatisfação pela novidade indesejada é sabotar novas aventuras. Não era assim que as crianças faziam quando se sentiam perturbadas? Não quero mais brincar! E pronto. Um pouco de choro e colo.

Há muito da criança a ser preservado em nós, mas não essa birra inútil. Vamos pular a negação e ir direto para o colo e, se necessário, o choro. Mas deixar de brincar é bobagem. Deixar de prosseguir a leitura não colabora com nada. Lembro-me de que, quando era iniciante na carreira do magistério, aos quinze anos de idade, havia ficado chateado com uma vice-diretora da escola em que eu lecionava. Eu queria fazer uma atividade com os alunos no pátio e ela havia me proibido, dizendo que eu não receberia o salário se ficasse enrolando fora da sala de aula. Como eu me senti profundamente ofendido, resolvi que não assinaria o livro de ponto e que trabalharia gratuitamente para mostrar que a paixão pelo meu ofício independia do salário que eu receberia. Eu era professor eventual. Ganhava muito pouco. Passadas algumas semanas, ela, mais experiente, sorriu para mim e disse que nada mudaria na vida dela se eu não recebesse o dinheiro. Não era ela que pagava. Eu sabia, mas queria dar uma lição. Ou melhor, eu queria chamar a atenção. Eu e o meu grito carente que dizia: não vou assinar, sinônimo de "não quero mais brincar". Era a criança mimada, querendo atenção. Essa criança volta sempre que nos sentimos perdedores.

Um jovem, certa feita, lembrando de seu tempo de marginalidade, narrava o prazer que tinha em fazer com que todas as pessoas do seu bairro abaixassem a cabeça quando passassem por ele. Como um ritual de subordinação. Como fazem os cães diante do líder da matilha. E, assim, ele se sentia um vencedor, um homem poderoso. No decorrer da história, ele mesmo foi narrando o que era ter poder e o que era vencer. Deitar e dormir. Brincar com os filhos. Pedir perdão sem vergonha nem disputas com a mulher. Trabalhar. Voltar para casa. Brincar com o cachorro. Coisas simples de um cotidiano simples. Aí está a vitória.

Quero voltar à educação. Eu dizia de meus primeiros ensaios como professor. Aos poucos, fui ganhando espaço e aplicando as teorias que me atestavam ser o afeto a grande alternativa para que a relação de ensino e aprendizagem pudesse, de fato, ocorrer. Já escrevi muito sobre esse tema e continuo clamando aos mestres que não desconsiderem a presença do amor na relação educativa. As estratégias podem ser racionais, mas a transformação é afetiva, é emocional.

Quando tomei posse na Academia Brasileira de Educação e sucedi a notável educadora Esther de Figueiredo Ferraz, vali-me de um trecho de um discurso feito por ela quando assumiu o cargo de secretária de Estado da Educação de São Paulo:

> [...] o de que me envaideço não será, podem crê-lo, haver atingido o ápice dessa carreira no desempenho de minhas atividades universitárias, mas sim em tê-la iniciado por onde a iniciei, numa pequena classe do Grupo Escolar de Santo Amaro, onde meninos descalços, de roupas remendadas e umedecidas pela garoa do planalto, tiritando de frio ou cheirando a suor, disputavam o privilégio de enfeitar com uma flor (provavelmente arrancada ao jardim da pracinha fronteira) a minha tosca mesa de trabalho.

É preciso dizer mais alguma coisa? Essa mulher foi pioneira em muitas áreas. Foi a primeira a assumir a cátedra na Faculdade de Direito das Arcadas. A primeira mulher a atuar no tribunal do júri. A primeira a ser reitora em uma universidade. A primeira a ser ministra de Estado. Mas a sua maior vitória, amigo, foi a de ser professora em uma pequena classe de um grupo escolar. Aí está a alma livre de quem gosta de viver. E eu tive o privilégio de tomar café com ela em muitas tardes em nossa Academia de Letras do largo do Arouche. Sempre delicada, quase que escondendo a mulher guerreira em uma doce contadora de histórias. Uma mulher livre e apaixonada. Em outras palavras, como dizia Olavo Bilac, patrono da cadeira 34 da Academia Brasileira de

Educação, que agora é minha, "Só quem ama pode ter ouvido capaz de ouvir e entender estrelas".

É o amor, amigo, é sempre o amor, a partida e a chegada. A terra prometida está muito mais perto do que ousamos imaginar. A ponte não dista muito tempo de onde estamos. É no lugar em que vivemos que experimentamos o sabor da vitória. Vitoriosos somos quando emprestamos à vida nossa parcela de responsabilidade. Uma flor enfeitando uma mesa de trabalho faz o convite: *Carpe diem*. Hoje, agora, neste momento. Aproveitemos o dia. Aproveitemos a ocasião. Cada coisa no seu tempo. A linda metáfora bíblica das aves do céu e dos lírios do campo...

Ouvi, certa vez, o depoimento de um homem que não se perdoava porque quando perdeu o pai não conseguiu dizer a ele tudo o que queria. Ele estava chegando em casa quando soube da internação do pai. Estavam brigados. Ele amava muito o pai. Resolveu ir até o hospital. Desistiu. Quis saber se era, de fato, sério. Se fosse, iria se desculpar e dizer ao pai o quanto o amava. Se não fosse sério, aguardaria o pai sair e esperaria que ele desse o primeiro passo para a reconciliação. Não houve tempo, amigo. Enquanto ele fazia equações mentais para saber como concluir quem faria o quê, o pai se foi. E o *tempo da delicadeza* não pôde ser experimentado.

Um dos grandes caminhos para a vitória é o reconhecimento do que somos. Na quarta-feira de Cinzas, quando recebemos o pó, nos lembramos de onde viemos e para onde iremos. Muitos mistérios nos sondam. Muitas perguntas sem resposta convivem conosco, mas o fato é que todos nós, ricos ou pobres, elegantes ou bregas, gordos ou magros, eruditos ou populares, haveremos de partir. É isso que nos faz reconhecer, com Fernando Pessoa, que nada, absolutamente nada somos:

> Não sou nada.
> Nunca serei nada.
> Não posso querer ser nada.

Esse é o início de "Tabacaria", um de seus mais famosos poemas. É a constatação de que todo o poder é mesquinho quando nos encontramos a sós com a nossa miserabilidade humana. Não somos nada. Somos um sopro que ganhou vida. Somos a fragilidade que rui diante de uma batida mais forte, de uma pedra atirada no ponto certo. Hoje respiramos e amanhã não. Durante o sono, despedimo-nos sem nos despedir. Uma queda de pressão. Um susto. Um tropeço. Uma faísca de dor. E mais nada. Podemos aquinhoar milhões ou bilhões de qualquer dinheiro e mesmo assim não teremos direito sequer de postergar nossa despedida. Não compramos a passagem nem estabelecemos o dia ou o horário. Nem a forma. Nem isso. Uma queda de avião pega desprevenidos viajantes em busca de descanso. Uma carreta na frente de um carro encurta a viagem. Um desabamento. Além das doenças tantas que misteriosamente vêm e levam. E vão depois de vencidas temporariamente pela inteligência humana.

Tememos a doença que nos diminui. Ter de ser lavado por alguém, perder os controles básicos do defecar e do urinar. Incomodar com as feridas abertas pela peste. Um acidente, e os movimentos se vão. E a vida se torna de novo desafiadora. O belo fica feio e o feio é capaz de ficar belo. Se é assim, se não somos nada nem nunca seremos, por que a arrogância? Por que a mesquinharia em um ar de superioridade incomodativo? Tenho pavor de gente que humilha gente. Leiam Pessoa:

> Não sou nada
> Nunca serei nada.

Leiam de novo:

> Não sou nada
> Nunca serei nada.

E mais quantas vezes forem necessárias. Leiam Pessoa os críticos de plantão, os fofoqueiros ou futriqueiros, como queiram. Leiam Pessoa os sujos, os que se emporcalham na avidez de emporcalhar os outros. Leiam Pessoa os que maltratam aqueles que servem. Todos deveriam experimentar o frescor agradável do servir. Leiam Pessoa os que teimam em conviver com a invisibilidade alheia. Leiamos Pessoa todos nós, que escorregamos quando se trata de disputar o poder com quem quer que seja.

Mas o poema continua. Se ficássemos apenas na negativa do que somos e do que seremos, negaríamos a própria razão da existência.

> À parte isso, tenho em mim todos os sonhos do mundo.

Que tese sobre a vida em uma única frase! Meu amigo, depois de constatar que não somos nem nunca seremos nada,

Pessoa nos alivia com a água fresca dos sonhos. Temos em nós todos os sonhos do mundo. E só temos porque primeiro nos esvaziamos. Antes de saber que os sonhos do mundo moram em nós, precisamos concluir que não somos nada.

Eu só me reconheço quando retiro os enfeites, os penduricalhos. Eu só vejo de fato a minha imagem, sem maquiagem. Os enfeites, os penduricalhos, a maquiagem nada são. Eu sou. Eu sou porque eu sonho. E todos os sonhos do mundo cabem em mim.

É uma forma de dizer que somos todos irmãos, vindos de um mesmo barro e em busca de uma terra prometida. É o cruzar a ponte, molhando os pés. Sim, a água fresca dos sonhos nos alivia.

O poema é longo, apenas mais um trecho:

Janelas do meu quarto,
Do meu quarto de um dos milhões do mundo que ninguém
sabe quem é
(E se soubessem quem é, o que saberiam?)

Talvez um crítico literário, lendo esses comentários, dirá que eu tento cristianizar Fernando Pessoa como os medievais tentaram fazer com os antigos. Não é esse o meu intento. Nem é esse o momento para tratarmos da complexidade do homem Fernando Pessoa, com tantas facetas e tantas angústias. Do homem misterioso, sofrido. E quem não é? Julgamentos de vidas de dor talvez sejam precipitações de quem esconde a própria dor. É comum ouvir que fulano ou sicrano sofreu muito. Ora, e quem não sofreu? Alguns ganharam notoriedade com a sua dor; outros deixaram-na trancada, mas ninguém passou ou passa por essa estrada imune à dor.

Quero convidá-lo, padre Fábio, para visitar as janelas do quarto do poeta. O quarto dele, como ele mesmo diz, é um dos milhões do mundo que ninguém sabe quem é. Mas mesmo assim, vale a pena visitar.

Quanta gente conhece sua mãe? Centenas de pessoas? No máximo, milhares? E você é capaz de chorar por ela e de sorrir contando as suas histórias. Quantas pessoas conhecem a minha mãe? Não muitas. Mas, para mim, a sua janela tem um significado tão essencial! O seu olhar. O seu colo. As suas palavras. Tudo isso desperta emoções que me são vitais. As batidas do seu coração fazem toda diferença quando deito em seu colo. Como seria o meu mundo sem essas batidas?

Quando o poeta fala de sua janela, depois de ter falado sobre os sonhos e depois de ter constatado que nada somos, ele nos convida a perceber que as pessoas comuns, todas elas têm janelas. Mesmo aquelas que vivem nos porões. Vivem por ignorância, não por ausência de janelas. É só subir. É só abandonar o que nos leva para baixo. E as janelas estarão abertas para a eterna novidade da vida.

Nas ruas, embaixo das janelas, transitam pessoas. Nas pessoas, vivem sentimentos contraditórios. Como contraditórias são as estações. Alguns caminham com direção certa, outros sem rumo definido. Alguns apertam o passo com medo da chuva repentina. Outros encontram prazer em se molhar. Outros ainda nem pensam nessas coisas. Alguns sentam como se buscassem saber quem está por trás da janela. Esses são poucos, amigo. Muito poucos. Até porque há muitas janelas.

Somos bilhões de "nada" e de "tudo". Somos "pó" e ao mesmo tempo "capazes de ouvir estrelas". Pessoa e Bilac. Os heterônimos e o parnasiano romântico. Nada de derrotismos. Ser pó e fazer parte de um universo encantado. E o encantamento vem exatamente do romantismo frente à vida ou simplesmente à nossa janela.

Amigo, essas minhas divagações nascem de algumas certezas e de muitas dúvidas. As certezas, eu já expus. Ninguém é melhor do que ninguém. Ninguém recebeu um bilhete de viagem que dê direito a pisar no outro para contemplar a paisagem. Nada de ser superior ou mais inteligente, muito menos de raça superior. Não há cidadão de primeira e de segunda categoria. Por isso gosto da assertividade cortante de Pessoa. As dúvidas me convidam a continuar a viver. O que faz com que, mesmo sabendo que *só quem ama pode ter ouvido capaz de ouvir estrelas*, os meus irmãos, humanos, tenham tanta dificuldade em conjugar o verbo amar?

Quantos problemas seriam evitados, quanta vida seria poupada da dor desnecessária com essa conjugação. Junto do verbo amar, voltamos aos dois com os quais iniciamos esses rabiscos, o verbo viver e o verbo conviver. Se você quiser, podemos elencar outros: o verbo acolher, o verbo compreender, o verbo participar, o verbo partilhar, o verbo prosseguir.

Verbos que fazem bem só de pensarmos neles. Ouvi de uma jovem escritora de 91 anos, Tatiana Belinky, a seguinte provocação: "Pense em qualquer coisa, qualquer coisa, sem palavra. É possível? É possível pensar sem usar a palavra? Então", disse ela, "comece respeitando sua majestade a palavra".

Tudo nasceu do Verbo. O padre das minhas manhãs adolescentes falava também da criação. E falava do verbo. E, no princípio, era apenas o Verbo. E o Verbo se fez carne e habitou entre nós...

A notável escritora Nélida Piñon, em *Aprendiz de Homero*, revela:

> Nasci escritora, nasci leitora. Os traços e as idiossincrasias, inerentes a ambos os estados, acompanham-me sempre. Já na infância, tinha apetite pelas palavras, escritas ou faladas. Olhava os escritores de forma agradecida. Aqueles seres, responsáveis pelos livros de lombadas atraentes e capas coloridas, forravam meu imaginário com feno e sonhos. Livros que me prorrogavam a existência e impediam que caísse nas malhas do banal.

Este é um ensinamento fundamental: não permitir que a nossa vida caia no banal. Ler Dostoiévski, Tolstói ou ouvir as histórias de Rosa, ou de dona Ana, ou de dona Anisse; beber em padre Vieira, ou em mulheres e homens que nas praças e nas esquinas oferecem o paladar apurado pelo tempo; tudo isso nos tira do banal e nos empresta ornamentos para nossa travessia.

Amigo, quando escrevo para você, escrevo para mim também. O verbo vai ganhando autonomia. As palavras são desafiadoras. Fico pensando se de fato eu paro, nem que seja em algumas janelas, para contemplar as vidas que se escondem por detrás dos véus das cortinas.

Quantas vezes negligencio sentimentos de pessoas que amo por falta de tempo. Mas, se não for para amar, para que serve o tempo? Para preencher agendas, para exibir anotações e compromissos, para ter a certeza de que nos procuram? "Quem" nos procuram? Seres visíveis ou invisíveis? Vamos na certeza de um caminhar acompanhado ou em busca apenas de um espaço para mostrar que não somos pó? Não quero dizer que não se possa fazer sucesso ou buscar vencer os desafios. Falo de algo mais tênue, mais corriqueiro, mais essencial. A matéria-prima de que fomos feitos são duas, paradoxalmente duas: pó e amor! O pó explica a nossa existência. O amor, a nossa essência. O pó nos iguala – o que é necessário. O amor nos identifica – o que é essencial. Fazemos parte da multidão e somos únicos. Fernando Pessoa é apenas um, Olavo Bilac também. Dona Ana, sua mãe, jamais terá uma cópia. Nem dona Anisse, a minha amada mãe. São igualmente frágeis. São "nada". São igualmente fortes. Carregam, cada uma, a seu modo, *todos os sonhos do mundo*.

O dia já está se despedindo e eu gostaria de sonhar com esta construção poética: *todos os sonhos do mundo*.

A poesia não se explica. Vive-se.

Venha viver comigo, meu irmão, nessa busca pela terra prometida. Não seriam esses *todos os sonhos do mundo*? O paraíso? Mas onde mesmo mora o paraíso? Ah, nós é que moramos nele?

E onde moramos nós? Atrás das janelas? E onde fica a tal ponte?

Aguardo sua resposta, mas ouso uma tentativa: muito mais perto do que podemos imaginar.

Que o seu amanhecer surja com sabor de poesia.

Com carinho,

Gabriel

Décima sexta carta

Meu querido Gabriel,

Obrigado pelas janelas do poeta. Foi a partir delas que pude me recordar de um velho hábito das mulheres da minha terra. Elas se debruçavam nas janelas em fins de tarde. O objetivo era um só. Conciliar o mundo particular com o mundo de todos.

A casa era o lugar da segurança. Os pés firmados no território de sua posse lhes permitiam conceder viagem aos olhos. Entre a firmeza dos pés e a liberdade dos olhos estava posta a janela. Meu querido, as mulheres são portadoras de virtudes que nos educam para este equilíbrio: realidade e sonho. A janela é o lugar da reconciliação das duas realidades.

Você falou de terra prometida. É um dos conceitos mais sugestivos da teologia do Antigo Testamento. O povo se reúne em torno de uma promessa: a escravidão terá fim. Há um espaço preparado, à espera, marcado por fertilidade e alegria. A realidade é a escravidão, mas o sonho comporta uma terra fabulosa.

O sofrimento do exílio só é suportável porque há uma promessa anunciada: a terra os espera. Um lugar onde a escravidão não mais existirá. Um lugar fértil, com espaço para todos. Mas para se chegar à concretização dessa promessa há um caminho que precisa ser percorrido. O papel da mulher é de fundamental importância na vivência desse processo. São elas as responsáveis pela manutenção do espírito livre no coração de maridos e filhos. As correntes que cerceavam o corpo não poderiam atingir as subjetividades.

É cuidado específico de mulher a manutenção da esperança. Gabriel, é interessante perceber que as características da terra prometida nos reportam ao contexto do feminino. A promessa nos fala de leite e mel. Dois elementos que nos colocam nos braços das primeiras experiências que fizemos do cuidado humano. O leite nos lembra o primeiro alimento. O mel nos lembra a doçura do amor materno.

Gabriel, sei o quanto sua mãe foi importante na construção de seu caráter. Grande parte de sua forma sensível de olhar para os acontecimentos foi aprendida no colo de dona Anisse. Eu também posso dizer o mesmo. Foi minha mãe a principal responsável pelo meu jeito de ser gente. Nossas terras prometidas foram anunciadas por vozes femininas. Arrisco dizer que ainda hoje essas mulheres continuam nos conduzindo pela mão.

As mulheres nos ensinam o simbólico. Enquanto os homens são especialistas em nos ensinar as questões práticas, elas nos preparam para lidar com o que da vida não se explica. Talvez seja por isso que a lembrança da mãe nos ocorra, sobretudo, nos momentos da dificuldade. Ela nos recorda cuidados, segurança, proteção.

Meu amigo, faz pouco tempo que tive oportunidade de conhecer a história de uma pessoa encantadora. Flordelis. A poesia do nome se estende pela prosa da vida. Ela é mulher. Espaço humano onde a esperança encontrou espaço para crescer, lançar raiz. Cresceu tanto que oferece em cestos aos que dela se aproximam. Cumpre na carne a proeza de ser simbólica; território que proporciona o encontro da poesia com a atitude.

Flordelis nasceu na favela. Cresceu num ambiente marcado pelas restrições. Carência material que não teve o poder de empobrecer a alma. Desafiou a regra simplista que acredita na predestinação que o espaço físico pode impor ao ser que o habita. A pobreza material não precisa atingir o espírito. Grandes homens e mulheres nasceram de contextos altamente restritivos. Machado de Assis é um exemplo. Tinha tudo para dar errado, mas não deu.

Flordelis é um nome bonito. Remete ao contexto da poesia do mestre Djavan, ao lamentar a morte de seu jardim, ao constatar que suas riquezas estão ressequidas, sepultadas pela força finalizante da morte. Canção que tem como ponto de partida o discurso da falta, impossibilidade de um amor terminado, esperanças findadas, imposição de um destino que disse não àquele que só desejava ser feliz.

Mas, Gabriel, há um detalhe interessante. Aos ouvidos desavisados a canção parece ter nascido de motivos felizes. É que a beleza da melodia não nos permite perceber a tristeza da letra. Coisas de Djavan. Virtude de conseguir revestir de leveza o que é naturalmente pesado e sofrido. Mestria que o poeta tem de tocar as feridas com dedos leves. Ofício de aliviar os pesos que estão colocados sobre os ombros da humanidade.

A poesia de Djavan está costurada nos motivos que movem a personagem desta história que conto. Flordelis é apaixonada pelos jardins que estão aparentemente mortos. Aprendeu a se aproximar das vias-crúcis da vida. Subiu morros; desafiou traficantes; converteu ódio em amor; fez alquimia no coração dos violentos. Ofereceu ternura aos que antes não conheciam a força restauradora da palavra que tem o dom de bem-aventurar, isto é, colocar no caminho do bem.

Pelo que pude perceber, Flordelis não é uma pessoa que tem muitos recursos. Ela só acredita no poder da palavra. "Basta uma palavra para mudar." Este é o subtítulo do filme que relata o seu desejo de reflorescer o espaço humano. Gabriel, essa mulher nascida no morro acredita que o mundo pode ser recomeçado a cada palavra dita.

Eu confesso que não a conhecia. Fui impactado pela sua história, quando casualmente eu a encontrei num canal de televisão. A entrevista girava em torno de sua tentativa de melhorar as estruturas da sociedade em que está situada. Ela não estava sozinha. Estavam com ela o marido e uma infinidade de crianças que ela chama de filhos. Mostrou como funciona a sua casa, um ambiente mantido com a generosidade de pessoas que acreditam em sua iniciativa.

O lar de Flordelis é um canteiro de crianças rejeitadas. Elas são muitas. Fiquei comovido com a história de Rayane, uma menina que contou ter sido jogada fora pela mãe biológica, assim como se joga um objeto indesejado. Durante o relato do abandono, os olhos da menina estavam inundados de lágrimas. Motivos diversos. Mas o que prevalecia era a gratidão. Flordelis a encontrou. Ofereceu maternidade, colo aconchegante, lugar terapêutico onde o passado seria esquecido, catarse que só o amor pode fazer acontecer.

Acho interessante e sugestivo fazer este paralelo. A Flordelis do morro com a "Flor de lis" de Djavan. A poesia dos gestos diante da poesia das palavras. A mulher concreta, atuante, militante diante da mulher forjada, nascida da sensibilidade do mestre alagoano.

A Flordelis do morro faz com a vida de seus filhos o mesmo que Djavan fez com a história triste que é a matéria-prima de sua canção. Ela a reveste de melodia feliz.

O lar de Flordelis é um canteiro de histórias tristes, mas lá quem prevalece é a alegria. A fórmula? A palavra que escolheu para nortear a vida de seu lar: o amor. A palavra que diz, como bem ensinou o outro alagoano, Graciliano Ramos.

Flordelis tem semelhanças com Sinhá Vitória, heroína de *Vidas secas* que já foi pauta de nossas conversas. Flordelis também se desdobra para que a vida não seque. Ela é portadora da palavra que alivia a aridez dos caminhos. Ela é representante da bondade. Descobriu que o mal já tem adeptos demais. Quis fazer a diferença. E fez. E faz.

Meu amigo, Flordelis é uma proposta humana que não quero perder de vista. Ela traz no coração e na mente o código que distingue um ser humano de todos os outros. Flordelis é uma canção bonita que quero escutar sempre, assim como escuto a "Flor de lis" de Djavan. O mundo carece dessas composições. São elas que nos resgatam de nossos pessimismos cotidianos. São elas que nos provocam para dizer a palavra que pode recobrar a harmonia perdida. São elas que nos indicam que ainda há um lugar a ser buscado, uma terra feliz a ser construída.

Volto ao homem insuficiente da antropologia de Pascal e sua dependência radical da transcendência. Volto à questão da invisibilidade das pessoas, ao contexto de dependências positivas que ligam os seres humanos num elo universal. Cadeia onde os gestos humanos se transformam em atualização da interferência divina no tempo. De um lado o conceito de transcendência de Deus. De outro o conceito que nos reporta à sua imanência histórica.

Gabriel, a bondade humana é o instrumento que purifica as estruturas do mundo. Ela nasce de uma Graça superior, concedida. O bem que podemos fazer é desdobramento de um bem que nos foi dado. O amor com que a gente ama é consequência de um amor divino que nos foi oferecido. O Amor me ama. E no ato de me amar me concede o dom de amar também. Quanto mais eu estiver n'Ele, maior será a minha possibilidade de apressar sua ação amorosa. É consequência.

A principal missão das religiões é aproximar a condição humana dessa vocação maravilhosa. A religião precisa nos preparar para o amor. Falo do amor mais profundo, o amor Ágape, o que nos coloca em condições de viver de maneira gratuita a doação ao outro.

O amor que tenho a Deus precisa ser desdobrado em amor aos meus irmãos. É imperativo ético, meu caro. A experiência ritual que a religião propõe tem sempre um vínculo com a vida prática. O Deus que cultuamos está presente no rosto que encontro pelos caminhos da história.

Gabriel, já falamos tantas vezes sobre isso. É recorrente, eu sei, mas é impossível não voltar a essas questões. É lamentável ver o discurso religioso sendo usado como se fosse um armamento bélico. Lideranças religiosas empunhando os seus livros santos como se fossem armas para derrotar os que professam outro credo. Igrejas se levantando umas contra as outras. Discurso religioso reduzido a um tom agressivo, partidário, desejoso de reunir fiéis, mas não para promover a paz, a concórdia. Discurso que tenciona aglutinar pessoas com o mero objetivo de demonstrar soberania e poder.

Acompanhei com muita atenção e fiquei bastante comovido com a visita que o papa Bento XVI fez a Israel. Vê-lo rezando no Muro das Lamentações, lugar sagrado para os judeus, vê-lo dialogando com importantes líderes muçulmanos, foram atitudes que marcaram positivamente a sua viagem.

Fiquei feliz com sua iniciativa corajosa de falar do "Deus da Paz" na capital que é de fundamental importância para as três maiores religiões do mundo. Nisso todos somos iguais. Todos nós queremos um mundo melhor, mais amoroso, mais ordeiro, mais pacífico.

A iniciativa do papa acena para a necessidade de um novo tempo. O encontro com as outras religiões não nos retira a identidade cristã. Ao contrário, firma-nos ainda mais. Para estabelecer comunhão com os que creem diferente, eu não preciso abrir mão de minhas convicções de fé. O encontro deve nos mostrar o que temos em comum. É a partir deste respeito que a fraternidade é possível.

Meu amigo, eu não sei qual é a religião de Flordelis. O que sei é que nela eu reconheço o rosto de Jesus. A sua iniciativa me faz recordar a opção de Jesus. Ao recolher os miseráveis de seus submundos, ela se transforma num instrumental da ação de Deus. Por ela Deus passa, ultrapassa os umbrais do cotidiano e acontece. É a continuidade da encarnação do Verbo. É Deus acontecendo no mundo por intermédio de uma ação humana.

Flordelis é a concretização da expressão litúrgica que reza: Ele está no meio de nós! Dona Zilda Arns é outro exemplo de nossos dias. A Pastoral da Criança é um movimento conhecido mundialmente. Você sabe disso. Por ocasião da morte da doutora Zilda eu fiquei surpreso com o respeito com que crédulos e incrédulos falaram de seu trabalho. É simples. A caridade está acima das definições religiosas. Até mesmo os ateus se renderam à forma que essa mulher encontrou para viver e praticar a sua fé.

Gabriel, tenho conhecido instituições fantásticas. Todas elas comprometidas com causas nobres. Elas nascem motivadas por razões diversas, mas é muito comum encontrar instituições que nascem como parte da superação de alguma perda, de algum sofrimento.

Faz pouco tempo que tive a graça de conhecer de perto a Sociedade Viva Cazuza, iniciativa já conhecida e liderada por Lucinha Araújo, mãe do poeta que deu nome à casa que abriga crianças portadoras do vírus HIV. Andando pela estrutura, gentilmente acompanhado por Cristina, uma das lideranças que Lucinha trouxe para o trabalho, pude experimentar um sentimento bom que me fez concluir: o mundo tem jeito! Não há pessimismo humano que sobreviva a uma visita àquele lugar.

O aspecto é de casa. Em nada podemos reconhecer o molde tradicional que prevalece em instituições de caridade. Não há a prevalência de tons pastéis. As paredes são vivas, cheias de detalhes que pertencem à vida daqueles que ali moram. Ursinhos, bandeiras do Flamengo, bonecas, pôsteres de artistas consagrados, tudo nos sugere que as crianças são consideradas em suas particularidades. O espaço público se esforça para ser também particular. Jeito simples de permitir que a criança não se sinta perdida no mundo, já que há uma orfandade inegável, comprovada, documentada. O desafio é fazer com que a orfandade dos documentos não alcance a vida prática.

Os agentes dessa proeza são muitos. São funcionários, voluntários, artistas, amigos que conhecem a luta diária que a instituição trava para que esse lar construído não feche as portas. Gente que se empresta em generosa participação, manutenção de um sonho nobre. Sonho que nasceu da dor de perder um filho, momento em que a vida foi dissonante na pauta, tornando o canto triste, solitário, quase insuportável.

Assim como Djavan, Lucinha Araújo também revestiu sua dor de melodia feliz. A sociedade é uma reação criativa da mulher que tem rosto conhecido. Ficou definitivamente imortalizada no filme que narrou a trajetória do seu filho, o controverso Cazuza.

Meu amigo, Lucinha Araújo é portadora de um sorriso bonito, marcado por uma timidez enganosa. De tímida ela não tem nada. Ela é destemida. Descobriu na solidariedade o instrumental que precisava para superar a perda do filho único. Viveu um parto às avessas. Ao sepultar o seu principal vínculo com o mundo, apressou-se em ressuscitá-lo através de uma iniciativa que é muito mais que paredes de tijolos.

O espaço criado por ela recebeu as marcas do filho que ela viu partir. Justa forma de manter-se presa ao motivo inicial. E nisso está a diferença. Através da Sociedade, Lucinha traz Cazuza de volta ao mundo.

Gabriel, através daquelas crianças, Lucinha retira o filho da morte, corrige o passado, reconcilia-se com sua dor, volta a ser feliz. Interfere no processo humano de pessoas que até então não faziam parte de seu mundo, de seu contexto, de seu horizonte de sentido. A sua luta não se limita ao cuidado primoroso que tem com as crianças que são vítimas desta herança cruel. É preciso ir além. É preciso alcançar a causa que gera o problema, mediante campanhas que conscientizem que a disseminação do vírus ainda é um problema social grave.

É o retorno do poeta. Ele não morreu. Retorna sem seus exageros, sem seus abandonos, sem suas misérias. Retorna iluminado pela atitude materna que o redime.

A Sociedade sobrevive de doações. Precisa de coisas simples. Remédios, alimentos, roupas, serviços. Precisa de tudo o que faz parte do cotidiano de uma criança. A iniciativa de Lucinha carece de contagiar outras pessoas. É a corrente que o bem pode estabelecer. Ela sabe disso. Tem consciência de que não poderá cuidar sozinha da obra que sua dor fomentou. Por isso ela vive de braços estendidos para receber os que dela se aproximam para ajudá-la.

A obra de Lucinha não tem preconceito religioso, da mesma forma como a Pastoral da Criança também não recusa cuidar de crianças de outras religiões. A Sociedade Viva Cazuza acolhe a todos. Não importa qual seja a religião da criança. O que importa é o quanto ela precisa de ajuda.

Gabriel, eu me recordo de que, ao divulgar a minha visita à Sociedade Viva Cazuza, pessoas do Brasil inteiro manifestaram o carinho e respeito à instituição. Mas no mesmo dia, alguém fez questão de encaminhar um e-mail preconceituoso, falando absurdos do poeta. Minha resposta foi simples, e aqui a reproduzo: "A mim não interessa o que Cazuza fez ou deixou de fazer de sua vida. A mim interessa é o que sua mãe fez e faz a partir de sua morte".

Meu amigo, essas são algumas das mulheres que carregam sobre os ombros os "sonhos do mundo". Flordelis, Lucinha, Zilda Arns são alguns nomes que nos recordam que enquanto muitos estão adormecidos, mergulhados no sono letárgico do conformismo, elas estão empenhadas na construção de pontes.

Vez em quando elas favorecem minha travessia.

Gabriel, aceito o seu convite. Vamos buscar juntos a terra prometida.

Tenho certeza que não iremos sós.

Prossigamos no exercício do amor. Quem sabe assim a gente aprenda a ouvir as estrelas.

Com meu carinho e bênção,

Pe. Fábio de Melo

Décima sétima carta

Querido padre Fábio,

Sua bela carta nos convida a refletir um pouco mais sobre dois temas profundamente interligados: a bondade e a paz.

O nascedouro das suas reflexões é o colo materno, é a homenagem à mulher, à terra, à gestadora. Leite e mel. Alimento e docilidade. Necessidade e prazer. Nélida Piñon, ao falar de Jesus, assim explicou:

> Jesus amou as mulheres. Graças a Maria, familiarizou-se com aquela natureza arcaica, presente no mundo desde a sua fundação. Esforçou-se em vê-las através do filtro da justiça e da bondade. Tratou-as com deferência superior à prevista pelas leis mosaicas, ásperas e severas. E contrariando aquele Deus que no Antigo Testamento se recusava a aceitar as mulheres como interlocutoras, dirige-lhes a palavra, ouve seus lamentos.

Há muito a aprender com Jesus. É Ele o amor encarnado. É Ele a síntese da vitória. Perderam os que colocaram sobre Ele uma coroa de espinhos. Perderam os que imaginavam ser Ele o líder da morte e da opressão. "Meu Reino não é deste mundo", disse Ele a Pilatos. A tentação de mostrar-se vencedor é a falta de compreensão do prolongado dia da vitória. Voltemos à mulher.

A mulher entende de vida. Sua natureza é a da bondade. Partilha com sua cria, ainda em formação, o alimento, a bebida, o ar. O seu repouso é o repouso do filho que ainda não nasceu, mas que já chegou. Seus movimentos e pensamentos interferem no feto. Tudo ali, miraculosamente interligado. E, depois da despedida, depois do corte do cordão umbilical, a simbiose continua. O leite materno repousa a ansiedade, sacia a fome, acalma o choro. E a criança dorme. E sonha. É o símbolo da paz. É isso que nos atesta a canção de Dolores Duran, *hoje eu quero paz de criança dormindo*. E a bondade, ou, em outras palavras, *o abandono de flores se abrindo*, com um doce objetivo, *para enfeitar a noite do meu bem*.

É isso que fez Zilda Arns ao *enfeitar a noite* de tantas crianças com a Pastoral da Criança. Era esse *o seu bem*. O bem bondade. O bem caridade. O bem amor. Zilda foi o símbolo da mulher gestadora da paz. A paz que é construída nos jardins de cada casa que exerce a função de enfeitar as paredes comuns. Morreu defendendo essa paz. Não morreu. Não morrem os que defendem a vida. É o milagre da continuidade no cotidiano. São ideias e ideais replicáveis em outras vidas.

A paz interior sonhada por Lucinha Araújo. Seu filho, Cazuza, foi sim um grande poeta. Sua vida foi comum à vida de tantos jovens que em busca da liberdade erraram e acertaram. Como todos nós. Erramos e acertamos. Os religiosos e os não religiosos erram e acertam. Cazuza entoou canções que ficaram imortalizadas porque nasceram de suas experiências de dor e de amor. Em "Codinome Beija-flor" o poeta lamenta: "Pra que mentir/ fingir que perdoou/ Tentar ficar amigos sem rancor". E prossegue, "Pra que usar de tanta educação/ Pra destilar terceiras intenções/ Desperdiçando o meu mel/ Devagarzinho, flor em flor/ Entre os meus inimigos, beija-flor". Era o seu jeito de gritar pela paz, "eu protegi teu nome". Independentemente das razões pelas quais ele compôs essa canção e do direcionamento da sua intenção, a poesia é compreendida livremente por quem retira o véu do corriqueiro.

Quando a emoção acaba não há que se destruir ou depreciar o que ontem era tão essencial que merecia o enfeite de toda uma noite. A poesia libertária de Cazuza clamava por uma atenção aos sentimentos de respeito ao outro. De nada adianta a educação se as intenções não forem as melhores. É como conhecer com profundidade regras de etiqueta e humilhar o garçom. Que etiqueta é essa? O que é melhor, saber com qual garfo comer ou conhecer os sentimentos alheios e respeitá-los? Naturalmente o bom seria saber os dois. A ética e a estética. O bonito só é bonito quando é bom.

Voltando à poesia dos jovens. A juventude rebelde era a juventude contemplando o mar sem noção dos seus perigos. Era a onda que vinha e que batia com tamanha virulência, mas que trazia um certo frescor e que escondia os seus perigos. Cazuza entrou nesse oceano conturbado, fez o coração de sua mãe ficar em pedaços. Inverteu a lógica da vida. Foi antes. Partiu. E Lucinha prosseguiu. Buscando uma *ideologia para viver*. A *ideologia* da bondade em crianças que não tiveram no leite a certeza do aconchego. Viva Lucinha, que não transformou sua dor em lamúrias. Chorou e chora a ausência, mas faz presença em quem pouca presença teve nos primeiros desabrochares da vida.

Voltemos às mulheres bondade da Pastoral da Criança. Santas que pecam como todos, mas que bebem em uma fonte contínua de amor ao movimentar o amor. Trazem a paz ao cotidiano de famílias muitas vezes embrutecidas pela ausência de compreensão da própria paz. Os caminhantes em busca da terra prometida receberam os dez mandamentos. Moisés foi o escolhido para trazer as leis ao povo sedento no deserto. A pastoral também tem os seus dez mandamentos para um povo que, também caminhante, quer encontrar o espaço sagrado do aconchego, a terra prometida, onde a necessidade e o prazer serão saciados, leite e mel.

1) Tenha fé e viva a Palavra de Deus, *amando o próximo* como a si mesmo.
2) *Ame-se*, confie em si mesmo, em sua família e ajude a criar um ambiente de amor e paz ao seu redor.
3) Reserve momentos para brincar e se divertir com sua família, pois *a criança aprende brincando* e a diversão aproxima as pessoas.
4) Eduque seu filho *através da conversa, do carinho e do apoio* e tome cuidado: quem bate para ensinar está ensinando a bater.
5) *Participe com sua família* da vida da comunidade, evitando as más companhias e diversões que incentivam a violência.
6) Procure resolver os problemas com calma e aprenda com as situações difíceis, *buscando em tudo o seu lado positivo*.
7) *Partilhe seus sentimentos* com sinceridade, dizendo o que você pensa e ouvindo o que os outros têm para dizer.

8) Respeite as pessoas que pensam diferente de você, pois *as diferenças são uma verdadeira riqueza* para cada um e para o grupo.
9) *Dê bons exemplos*, pois a melhor palavra é o nosso jeito de ser.
10) Peça desculpas quando ofender alguém e perdoe de coração quando se sentir ofendido, pois *o perdão é o maior gesto de amor* que podemos demonstrar.

Em cada um desses mandamentos há um pouco da conjugação dos verbos de que já falamos, do viver e do conviver. São mandamentos simples. Nada de exageros. Nada de proibições absurdas. Tudo de uma liberdade responsável, construída com vagar.

Querido padre Fábio, a bondade é, sem dúvida, a melhor prova de que é possível viver o cristianismo cotidianamente. O Cristo que fascina os jovens poetas das letras, das canções ou da vida. O Cristo que olha a mulher no poço de Jericó e fala de uma *água viva*. O Cristo que toca no coração da pecadora. O Cristo que surpreende com suas histórias que educavam a mente e a alma. O Cristo humilhado, espancado, crucificado. O Cristo ressuscitado. A ressurreição é a vitória da liberdade sobre a escravidão. É a passagem, é a Páscoa, é a transformação da morte em vida. É a vitória da paz.

Cristo não enfrentou os que o violentaram com ódio. Aceitou o calvário. Passou pela dor e mostrou que a vida é muito mais bonita do que a demonstração mesquinha de um poder capaz de prender e de matar. Conseguiram matar o Pregador do Amor. Pregaram na cruz o Peregrino da Paz. Mas não tiveram poder para vencer a sua pregação, a sua peregrinação. Peregrinamos, ainda hoje, embalados na sua história. Pouco sabemos dos que mataram Jesus. Muito sabemos de Jesus. Seu nome, seu legado desafiaram o tempo e a história. Sua imagem revive em cada gesto de bondade. Ali, naquele madeiro, parecia um derrotado. Vitoriosos eram os que tiveram o poder de fazer o seu sangue jorrar de uma coroa humilhante. Ledo engano. A vitória requer tempo. O tempo do vencedor é efêmero se a razão da vitória for dissonante da razão da existência do vencedor.

Por que existimos? Para matar ou para dar vida? Para destruir ou para construir? Para voar ou para aprisionar os que voam? Qual é nossa essência? Não há vitória dissociada da essência do vencedor, repito. Os que crucificaram Jesus não venceram a Jesus. Serviram de sinal para que a humanidade compreendesse que depois da noite escura vem um amanhecer repleto de novidades.

A Flordelis da sua carta, dois mil anos depois, vive os ensinamentos desse Mestre do Amor. Talvez não conheça com profundidade sua trajetória. Talvez não tenha estudado com minúcias os seus intérpretes, mas, a cada criança que ela colhe dos escombros da destruição da humanidade, ela exerce o apostolado de Cristo. É assim, nas ações diárias de bondade, que a atitude humana se aproxima da ação divina. Tomás de Aquino falava de um céu que se antecipava nas ações do amor. A ética cotidiana era um reflexo da bondade divina na bondade humana. A ética dos homens nasce no Deus da Paz. É isso o que queremos, amigo, paz. A paz que transcende as formas de acreditar em Deus. Não há como obrigar alguém a seguir os ensinamentos que considero os mais corretos. A cada um a Graça se manifesta de uma maneira. Aprisionarmos uma criança para obrigá-la a amar o pai ou a mãe é não confiarmos que na liberdade o amor tem muito mais sentido. Apresentar um Deus que castiga, que pune, que odeia é querer impor a Essência do Amor pelo viés do pavor. Absurdo. Ou Deus é Amor, é Paz ou Deus é um perigo iminente que com olhos imensos observa as menores ações do dia a dia de alguém. Não se nega a onisciência ou onipresença divina, nem a onipotência. *Deus está aqui tão certo como o ar que eu respiro*, diz a canção. Mas Deus não está aqui para que eu me sinta coagido, amedrontado. *Deus está aqui* para que a bondade seja natural em minha vida. *Deus está aqui* para que a paz não seja um discurso longínquo de ausência de guerras, mas uma disposição amorosa de uma vida terna. *Deus está aqui* para que eu compreenda o meu irmão, o seu tempo, as suas dificuldades e para que eu perceba a possibilidade de vitória, cada vez que a vida vence a morte, a paz vence o ódio.

Essas mulheres da Pastoral da Criança são vencedoras. Milhares de crianças que poderiam ter a vida prematuramente interrompida foram salvas. Isso é uma grande vitória. Vencer uma eleição é um detalhe. O perdedor de hoje pode ser o vencedor de amanhã. E o vencedor de hoje pode ser um perdedor logo depois que as máscaras caírem e mostrarem que o político e o candidato eram pessoas completamente diferentes. Bonecos vencem eleições, mas não administram cidades, muito menos países. Discursos vencem debates, mas não garantem a paz. É de sinceridade que precisamos para que os vencedores sejam reais e não fictícios. O que é falso desmancha. O brilhante verdadeiro não se esconde do sol. Vencer uma competição não significa ser um vencedor, e perder uma competição não significa ser um perdedor. As vitórias ou derrotas acidentais são passageiras. Quantos, amigo, chegaram ao pódio por vencer numerosas competições? Serviram de símbolo para um esporte e tiveram a imagem arruinada por não conseguirem vencer na vida? E por que perderam? Talvez por se sentirem deuses. Deuses do mal. Espancaram suas mulheres. Seus filhos. Violentaram sentimentos alheios. Abusaram da inocência alheia. O dinheiro é uma vitória? Depende. A avareza é uma doença que apequena a humanidade. As ações de um avarento servem de inspiração para um espetáculo de humor. O dinheiro pode dar uma falsa impressão de grandeza. A grandeza é algo muito mais precioso. Que não rasga nem enferruja. E quantos são os que, derrotados em algum momento, melhoraram? Começaram a viver de uma forma diferente. Jamais seremos derrotados se aprendermos com os nossos fracassos. Fracassemos, amigo, sem escrúpulos. Fracassemos quantas vezes forem necessárias para darmos valor ao que fomos e ao que seremos. Que nossas cicatrizes construam a nossa identidade. Que nossas dores nos ensinem a compreender que o outro também fracassa, que o outro também sente dor. Sejamos compreensivos com os fracassos dos outros e com os nossos fracassos. Sejamos, então, vencedores! Nada de exibicionismos. Nada de ostentação. Apenas a capacidade singular de ouvir estrelas. Salve Olavo Bilac. Ouçamos estrelas, então.

Quero convidá-lo para essa caravana da paz. As nossas palavras se revestem de significado porque, modestamente, tentamos compreender o mundo. Valemo-nos de escritores, filósofos, poetas, cancioneiros. Valemo-nos da fé que abraçamos. E mais, das pessoas que encontramos nas esquinas e que nos ensinam a viver.

A vida é desafiadora porque não nos traz receitas. Aprende-se o tempo todo. Na caravana da paz, somos convidados a revisitar as estações da bondade em que mulheres e homens se oferecem para fazer da vida um serviço ao amor. A menina de Nazaré foi capaz de perdoar os que traíram o seu filho. Antes disso, mostrou-se atenta às necessidades dos convivas com a frase essencial a quem servia: "fazei tudo o que o meu filho vos disser" (Jo 2,5). A frase ecoa até hoje e, de nossa caravana, é possível contemplar a mulher e a sua lição. Se não fosse o perdão, ela não aceitaria conviver com Pedro que negou três vezes o seu filho nos momentos em que, a olhos humanos, ele mais precisou.

Santas e santos, conhecidos e anônimos, podem ser visitados. Calmos, valentes, apaixonados.

Venha ver o "Poema da fonte" de são João da Cruz:

Cantar da alma que goza por conhecer a Deus pela fé

Que sei bem eu a fonte que mana e corre
mesmo de noite.

Aquela eterna fonte está escondida,
mas eu bem sei onde tem sua guarida,
mesmo de noite.

Sua origem não a sei, pois não a tem,
mas sei que toda a origem dela vem,
mesmo de noite.

Sei que não pode haver coisa tão bela,
e que os céus e a terra bebem dela,
mesmo de noite.

Eu sei que nela o fundo não se pode achar,
e que ninguém pode nela a vau passar,
mesmo de noite.

Sua claridade nunca é obscurecida,
e sei que toda luz dela é nascida,
mesmo de noite.

Sei que tão cautelosas são suas correntes,
que céus e infernos regam, e as gentes,
mesmo de noite.

A corrente que desta vem
é forte e poderosa, eu o sei bem,
mesmo de noite.

A corrente que destas duas procede,
sei que nenhuma delas procede,
mesmo de noite.

Aquela eterna fonte está escondida,
neste pão vivo para dar-nos vida,
mesmo de noite.

De lá está chamando as criaturas,
que nela se saciam às escuras,
porque é de noite.

Aquela viva fonte que desejo,
neste pão de vida já a vejo,
mesmo de noite.

São João da Cruz é doutor da Igreja, apaixonado pela causa de Cristo. Seus poemas servem de inspiração para a compreensão da beleza da fé. É recorrente a expressão *mesmo de noite* nesses versos. É um insistente ensinamento de que *mesmo de noite* o pão vivo está disponível para nos dar a vida. *Mesmo de noite* a claridade nunca é obscurecida. Fala o santo de esperança. Vivemos a noite do comodismo e do individualismo. A noite das incertezas. A noite da depressão que carcome as escolhas. A noite da violência amarga contra nós e contra os outros. A noite das derrotas humanas. A noite da ausência de bondade e de paz. Mas há claridade. Há sim. Demos vários exemplos de pessoas comuns que se tornaram extraordinárias por fazerem da bondade um adoço para a refeição matinal. Enquanto alguns acordam azedados pela droga da noite anterior ou pela ausência de significados que também se constitui em uma droga de vida, outros amanhecem ávidos pelo alimento que dão e recebem. São vidas úteis. São temas que conduzem outros temas e compõem enredos. Desafinam? Muitas vezes, sim. Mas prosseguem. Não se acovardam frente aos obstáculos.

É esse cenário que nossa caravana quer contemplar, até porque muitas vezes nos mostram apenas um lado da humanidade. Os invisíveis tornam-se visíveis em uma mídia que busca a audiência na desgraça alheia. O morador de rua torna-se visível por ter sido queimado. A criança abandonada torna-se visível por ter assaltado e roubado a vida de alguém. O homem comum torna-se visível por qualquer ação circense aos olhos ávidos de novidades de telespectadores cuja poltrona se constitui na única caravana. Engordam consumindo bobagens. Vivem aquinhoados em confortáveis caixas protegidas de outros contatos. Em outras palavras, estão com as janelas fechadas, amigo. Que desperdício.

O sol queima abundantemente lá fora e no quarto escuro faz frio. Contentam-se com o que criaram para aquecer na ausência de sol. Ora, não é mais inteligente permitir que o próprio sol venha a aquecer? Não é mais natural, mais humano?

É do sol que precisamos. É do calor que emana do sol. É da metáfora de Francisco de Assis, que viu na bondade uma companheira diuturna. Mãos dadas com o amor, o noivo da dona Pobreza soube contemplar as criaturas e chamar a todos de irmãos, de irmãs. O jovem italiano cansou-se das poltronas e buscou um tema para viver. E cantou a vida, ensinando que a paz é conquista dos que dão, dos que partilham, dos que perdoam, dos que espalham vida em tantas vidas sem vida.

É essa a nossa caravana, padre Fábio. Somos pequenos, amigo. Limitados. Imperfeitos. Somos cheios de falhas. Caímos com mais frequência do que gostaríamos. Mas estamos aqui. Em busca desse Sol Maior. Tendo a certeza de que a religião que professamos nasce no respeito ao nosso irmão e na necessidade de fazermos tremular a bandeira da paz. A paz que nasce nos nossos corações e nas nossas decisões. A paz que nos enternece para que, enternecidos, saibamos com bondade acolher ao nosso irmão. Sem paz interior, a bondade foge, assustada. Não se faz uma planta crescer, molhando-a com água quente. Nada de violência. Nada de agressividade.

Obrigado, amigo, pelo tempo da escrita e pelo tempo da espera. Obrigado pela partilha das emoções que o incomodam e que o empolgam. Sua poesia é conforto bom para quem carece de paz: Todos nós carecemos de paz. Suas canções alcançam espaços escondidos e despertam sentimentos adormecidos. Seu sacerdócio é um exercício poético do Deus que o inspira e o usa como um instrumento de paz. *Fazei de nós, Senhor, um instrumento de tua paz!*

Meu carinho de irmão o convida a fazer parte dessa caravana e a nunca desistir dela. *Mesmo de noite,* acreditemos na bondade e na paz.

Com carinho,

GABRIEL

Décima oitava carta

Meu querido amigo,

Obrigado pela semente de esperança que sua carta deixou cair em mim. Estou disposto a viver o tempo das esperas, cuidar de cada fase deste nascimento. Eu creio na gratuidade que há na semente. Cuidando bem ela floresce. É a regra da vida. Há um potencial na semente que o cuidado intensifica. A regra também vale para a luz. Grandes incêndios nascem de pequenas chamas. A luz que o mundo precisa depende do pequeno pavio que cada ser humano pode portar. Só assim poderemos reacender a luz que a noite escura ofuscou. Acendendo pequenas luzes.

Por isso eu aceito o seu convite. É com imensa responsabilidade que quero tocar a noite do mundo desejoso de torná-la dia. Quero reviver a mesma mística dos acendedores de lampiões. No passado, eles eram os responsáveis pela iluminação que nos livrava da escuridão. Quando a noite ameaçava mergulhar a cidade em seus mantos de sombra, lá vinham eles com suas pequenas hastes iluminadas de fogo. O pequeno pavio alcançava o interior do lampião e nele crescia. A cidade estava salva. O acendedor quebrava os poderes da noite.

Gabriel, os acendedores não existem mais. A vida moderna os dispensou. Ganhamos luzes práticas, eficazes, mas por outro lado estamos privados desse gesto tão cheio de significado poético. A cidade é acesa sem que vejamos o processo da construção da luz.

Essa é uma das privações que a modernidade nos traz. Tudo nos chega pronto. A estrutura que nos cerca deixou de ser artesanal. Tudo é produzido em série. A velocidade do consumo não nos permite mais os modelos artesanais de produção. De alguma forma isso atinge a nossa visão de mundo. Consequentemente atinge também o nosso jeito de ser e agir. Tenho observado as pessoas cada vez mais descompromissadas com as questões universais. A urgência é o particular. Mas a centralidade do desejo é a solução mágica para os problemas. Esperam pelas soluções da mesma forma como esperam pela luz que automaticamente será acesa ao final do dia. Alguém as produzirá. Chegarão em formatos diversos. Promessas de felicidades que não passam pelo comprometimento, pelo esforço e pela luta diária. Resultado que não requer processo, como se fosse possível chegar ao lugar da promessa sem passar pelo esforço da busca. Felicidades assim funcionam como fogo de artifício. Duram pouco. Iluminam por um tempo, mas logo em seguida voltam à condição de sombra. A vida nos ensina. Viver dá trabalho. Ser feliz, também.

Gabriel, vejo com receio o crescimento dessa mentalidade que pretende abolir o valor pedagógico do sacrifício. Diluída em vários formatos e instrumentais de nossa cultura, essa mentalidade insiste que o importante é "ser feliz". Escuto constantemente a repetição dessa frase. É urgente ser feliz! Eu concordo com a urgência da felicidade, mas não podemos pensar essa urgência fora da convergência com um conjunto de regras e atitudes. Felicidade é muito mais que alegria temporária, satisfação que a vida nos permite em horinhas de descuido, como poeticamente sugeriu Guimarães Rosa. Felicidade é algo mais profundo, pertence ao contexto da realização humana. Está diretamente ligada à satisfação de sermos quem somos.

O maior reconhecimento que podemos receber na vida não vem de fora. Aprendo isso todo dia. O que verdadeiramente conta é o quanto estamos reconciliados com nossas escolhas. É essa harmonia interior que nos autoriza a sorrir. É a partir dela que somos capazes de receber a vida com todas as suas dissonâncias. Mas essa harmonia não nasce naturalmente. Ela é fruto de um preparo que começa no dia em que adentramos os umbrais do mundo. A felicidade do futuro está atada a um cordão invisível que temos nas mãos. No presente da vida o cordão é amarrado a muitas situações e pessoas. E assim vamos vivendo. Amarrando cordões. Criando uma teia de relações e acontecimentos que serão determinantes para a harmonia final. É nessa construção do futuro que as escolhas são determinantes. Nem sempre as escolhas gerarão satisfação imediata. Nem sempre será possível ser feliz da maneira como propõe a mentalidade dos pragmáticos. A vida pedirá renúncias, sacrifícios. Este é o contexto do preparo humano. Nem só alegrias. Nem só sofrimentos. A maturidade nos ensina que a restrição é tão benéfica quanto a possibilidade. A verdade humana repousa sobre estes dois pilares. O desafio é grande. Manter vivo o compromisso de ser feliz requer observância cotidiana. Para cada dia a sua luta. O desafio é imenso. É preciso estar consciente de que felicidade é mosaico. É para ser montado aos poucos, dia a dia, parte por parte. A vida se encarrega de nos entregar as peças. Encaixá-las é tarefa de que não podemos abrir mão.

Gabriel, é nessa hora que entra o papel das pessoas que exercem autoridade afetiva sobre nós. São os amigos, familiares, escritores, artistas, pensadores, poetas. A organização do mosaico é feita com a ajuda de muitas mãos. As boas influências são determinantes para que saibamos escolher com mais clareza. Também são importantes para que tenhamos paciência no tempo das esperas, no momento em que a vida nos exigir um pouco mais.

Vez em quando eu recebo feliz a confissão de pessoas que consideraram importante o meu ministério na organização de seus mosaicos. Não há nada que possa ser mais recompensador. Saber que fizemos diferença de maneira positiva na vida de alguém. Tenho uma história assim. O nome dela é Cidinha Barbosa, uma senhora que tive a graça de conhecer aqui, em Taubaté.

Hoje ela esteve em minha casa. Veio trazer um presente. Junto do presente estava um pequeno bilhete que me emocionou. Tomo a liberdade de transcrever suas palavras, sem receio de que o gesto venha banalizar sua confissão.

> O senhor é o presente mais caro e mais lindo que estou recebendo nessa fase da minha vida. Chegou no momento em que eu mais precisava de carinho. Suas palavras são o que mais me dão força para continuar a minha caminhada nesta minha missão na terra.

Meu amigo, sei que não sou merecedor dessa confissão. O coração grande da dona Cidinha me enxerga muito melhor do que sou. Mas preciso admitir que aquele bilhete me recordou que preciso fazer boas escolhas. Sou importante para alguém. Esse fato me afeta, provoca em mim o desejo de acertar, renovar o pacto com as realidades que me edificam. A caligrafia frágil sobre o papel branco me faz esquecer, ainda que temporariamente, os defeitos que possuo. É neste espaço de esquecimento que Deus tem chance de continuar acontecendo dentro de mim. A autoridade afetiva da confissão ofusca a convicção pessimista que por vezes emerge dentro de mim. Dona Cidinha é alguém que me ajuda com o mosaico da minha vida. O seu bilhete me reaproxima do específico de minha missão: fazer o bem.

É assim que vamos crescendo, meu amigo. Vez em quando a vida deixa cair sobre nós essa garoa de generosidade. A palavra bondosa vem deitar suas raízes no chão frágil de nossa condição. E então concluo que viver é bom. Por grandes questões, mas também por pequenas. É muito gratificante saber que a gente agregou valor à vida de alguém. É motivo de alegria sem fim saber que minhas palavras replantaram o sonho no coração daquela que já vive os delicados territórios da velhice.

Gabriel, você falou de Moisés, o homem a quem Deus confiou a missão de libertar o povo de Israel da escravidão do Egito. O primeiro passo dessa libertação era devolver ao povo a capacidade de sonhar. As primeiras amarras a serem soltas não eram materiais. Elas estavam cravadas nas almas. Fazer um povo voltar a sonhar não é tarefa simples. Requer mestria. Moisés era um sonhador. Foi com seu discurso inflamado de esperanças que ele conseguiu fazer com que o povo imaginasse a terra prometida. Depois do sonho ele precisou fomentar coragem. A caminhada seria longa. Entre o sonho e a concretização da promessa havia um deslocamento que Deus não faria pelo povo. A palavra de Moisés foi fundamental para que os mosaicos fossem montados. Famílias inteiras se colocaram a caminho rumo à terra da Promessa. A felicidade tinha lugar demarcado para acontecer, mas o processo de ir buscá-la já consistia em parte de sua concretização.

Meu amigo, nem sempre as pessoas conseguem vislumbrar o caminho. O motivo é simples. As amarras da alma ainda prevalecem. Continuam presas, impossibilitadas do sonho. Por isso se perdem. Ficam distantes de suas realizações. Homens e mulheres acostumados às mais diversas formas de escravidão. Gente que se contenta em receber as migalhas que caem da mesa da vida. Pessoas certas, mas nos lugares errados. Gente que está esquecida de que a terra prometida existe, e que precisa ser buscada. Gente que desaprendeu de sonhar.

Gabriel, gosto muito de um compositor gaúcho chamado Jairo Lambari Fernandes. Um poeta de primeira grandeza que canta com profundidade os sentimentos humanos. Dentre as muitas preciosas composições dele há uma, "Beirando o rio", que diz:

> Meus olhos teimam em beber distâncias
> Na busca antiga de varar caminhos
> Onde as porteiras não limitam sonhos
> Nem são cativos os que são sozinhos
> Meus olhos teimam em beber estrelas
> No breu celeste onde a lua navega.

Que simbologia nobre resolveu morar nestes versos, meu caro. Jairo Fernandes sabe bem o quanto as porteiras não podem limitar os sonhos. Ele atinge o mundo, mesmo sem sair de sua simplicidade de homem do interior. Ele só é o poeta que é porque nunca esqueceu sua origem. Seus versos são nativos. Estão organicamente ligados ao chão que o viu nascer.

Gabriel, este poeta me evangeliza. Deus entra em minha casa utilizando-se dos caminhos de seus versos. Canta com sotaque gaúcho uma infinidade de verdades que minha alma precisa saber. A sensibilidade do artista me proporciona rezar a partir de outros formatos. Não são convencionais, eu sei. Mas quem disse que Deus não gosta de nos surpreender com sua chegada?

Meu amigo, eu fico feliz em saber que na caminhada de dona Cidinha eu estou presente. Em algum momento da vida ela prestou atenção ao que eu dizia. A palavra lhe serviu como instrumental para sua aventura humana. De alguma forma eu a ajudei em suas travessias. A palavra funciona como mão estendida. Não é fácil ir só. A segurança de outra presença nos torna mais confiantes, mais destemidos. O bilhete de dona Cidinha cumpre o papel de informar a minha participação em sua vida. Eu compreendo o seu desejo em me contar isso. Eu também ficaria feliz em poder dizer ao Lambari o quanto ele já bordou sentimentos nobres dentro do meu coração. Essa partilha pode fortalecer ainda mais no coração do outro a certeza da missão.

Poetas e evangelizadores indicam caminhos semelhantes. A palavra bem dita é bênção que pode aliviar o peso que levamos sobre os ombros. Arte é redenção. Eleva o espírito humano, facilita compreensões, proporciona superação, dispõe o coração para a partilha.

Artistas e religiosos perseguem o mesmo objetivo. Juntos nós vamos descobrindo os rastros do Sagrado no tempo, na história. Vamos desvelando seus vestígios, encontrando a face da Beleza que nos faz perder o medo. Medo, isso mesmo. Encontro muitas pessoas que sentem medo de Deus. E por isso estão privadas do crescimento que seu amor pode proporcionar.

Eu também já tive medo de Deus. Inúmeras vezes. As situações foram diversas. Tive medo quando ouvi minha catequista dizer que Ele tinha olhos imensos que não nos perdiam de vista. A frase servia como alerta. Ele estava de olho nos deslizes cometidos. Isso me fez perder a espontaneidade de errar. O erro, processo natural da condição humana, tornou-se motivo de culpas e autopunições. Levei tempo para reconsiderar o ensinamento. A responsável pela reconstrução foi minha mãe. Mesmo não tendo frequentado uma faculdade de Teologia, ela me fez compreender de maneira diferente o tamanho dos olhos de Deus. Eles são grandes porque amam. Para que você se sinta protegido por eles, disse-me com simplicidade, sem rodeios.

A frase de minha mãe repercutiu dentro de mim. Era uma frase bela. Mais que isso, verdadeira. Foi a partir dela que eu tive a graça de compreender que vigilância também é amor. Ela me deu oportunidade de iniciar um processo de reconciliação interior, cujo fruto eu ainda não colhi na totalidade, pois pertence ao processo da vida toda. Aprendizado que propõe uma antropologia positiva, otimista, capaz de ver esperanças no coração humano, mesmo sabendo que ele é território de contradições.

Mais tarde, depois de ter tido a graça de conhecer a escrita vigorosa da mineira Adélia Prado, tive contato com um verso surpreendente que está no seu poema "Filhinha". O verso é religioso. Parece fazer parte de um processo de reconstrução da imagem divina. A autora diz: "Deus não é severo mais,/ suas rugas, sua boca vincada/ são marcas de expressão/ de tanto sorrir pra mim".

Fiquei comovido com a singeleza da confissão. Revela uma ousadia na compreensão do Sagrado. Uma mística irreverente, capaz de rasgar o véu do templo, mas sem promover a banalização do espaço. O verso é boa nova, pois é anúncio de uma descoberta pessoal que tem o poder de mudar a interpretação que a poetisa faz de si mesma. Ela também deve ter crescido sob a égide de um discurso religioso fortemente marcado pelas ameaças de vigilância e punições. É bem provável que Adélia tenha precisado vencer as consequências desastrosas do discurso que ensina o amor a Deus a partir do medo. É estranho, mas a instrumentalização do medo sempre fez parte do contexto das religiões. É um recurso simples. Gera efeito rápido, obediência. Mas não é recurso eficaz. O medo paralisa, impede a reflexão. Religião que não faz refletir pode ser nociva. A obediência cega não costuma fomentar valores consistentes. Limita-se a ser a reprodução de um comportamento que deixará de ser considerado no momento em que cessar a vigilância.

Meu amigo, eu estou certo de uma coisa: a interpretação que fazemos de Deus reflete diretamente na interpretação que fazemos de nós mesmos. Se creio em um Deus carrasco e opressor é bem provável que eu venha reproduzir essa postura no mundo. Se a face de Deus que me foi apresentada insiste em reproduzir caricaturas desumanas é provável que eu também assuma um comportamento desumano e cruel.

Adélia Prado é uma artista que crê em Deus. Sua literatura nasce do cotidiano que ela reconhece como sagrado. Eu sei que é sagrado. Ninguém me disse. Eu reconheci. Ao ter contato com sua escrita, escutei em meu interior a mesma frase que Moisés pôde ouvir de Deus, quando viu a sarça arder. "Tira as sandálias dos teus pés. Este solo que pisas, ele é santo!" (Ex 3,5).

Gabriel, eu creio em Deus a partir de bilhetes e recados amorosos. É através dessas interferências humanas que vejo seus traços na história de minha vida. Ele passa por mim o tempo todo. Visita os meus dias através de pessoas. São elas que me auxiliam com meus mosaicos. Vez em quando não sei o que faço com as peças. Elas me indicam possíveis soluções. Coisas que sozinho eu não podia ver. Os meus olhos se abrem. Vejo de forma diferente o que antes me oprimia. É nessa hora que experimento o poder terapêutico da fraternidade. A autoridade afetiva é determinante para que possamos ouvir o que o outro sugere. Costumo dizer que só podemos dar ouvidos às pessoas que nos amam. Mas tenho pensado que a palavra dos que não nos amam também pode servir para o nosso crescimento. Tudo depende do que fazemos com a palavra recebida. Tenho muito receio quando ouço as vozes que estão tendo autoridade nos dias de hoje. Em muitos segmentos da sociedade os poetas, pensadores e religiosos estão esquecidos. A poesia foi suprimida pela força da vida prática. A dimensão simbólica cedeu espaço aos discursos estreitos e pragmáticos.

Querido amigo, é preciso resgatar a força da poética. É urgente! Nas palavras e nos gestos. Devolver ao mundo os fragmentos da beleza perdida. Restituir o humano de suas perdas tão fundamentais. Há muitos mares naufragando sonhos e esperanças. Precisamos reassumir a missão de Moisés. O específico de todo homem que tem amor à humanidade deve ser o compromisso com a vida. O resto é consequência. A vida é o valor absoluto que deve mover os nossos motivos. Mesmo quando tudo parece errado, a vida não desiste. O desafio é não desistir. Há sempre um pavio esperando pela luz. Há sempre um bilhete carinhoso esperando portador. Há sempre uma boa nova a ser anunciada. Há sempre um livro de Adélia esperando por ser lido. Há sempre uma música de Jairo Fernandes repleta de rimas preciosas. A arte redentora está por toda parte. Ainda que escondida, mas está.

Encontrei essa redenção num trecho de Adélia. É de seu livro *Filandras*. A origem das palavras está no pensamento de Célia, uma das personagens de seus contos. Voltando de uma viagem de ônibus ela começou a observar a pobreza do mundo. O sentimento que lhe ocorre está revestido de poética. Vale a pena transcrevê-lo.

> Estava muito surpresa com a perfeita mecânica do mundo e muitíssimo agradecida por estar vivendo. Foi quando teve o pensamento de que tudo que nasce deve mesmo nascer sem empecilho, mesmo que os nascituros formem hordas e hordas de miseráveis e os governos não saibam mais o que fazer com os sem-teto, os sem-terra, os sem-dentes e as igrejas todas reunidas em concílio esgotem suas teologias sobre caridade discernida e não tenhamos mais tempo de atender à porta a multidão de pedintes. Ainda assim, a vida é maior, o direito de nascer e morar num caixote à beira da estrada. Porque um dia, e por ser um único dia em sua vida, um deserdado daqueles sai de seu buraco à noite e se mara-

vilha. Chama seu compadre de infortúnio: vem cá, homem, repara se já viu o céu mais estrelado e mais bonito que este! Para isto vale nascer.

É assim que me despeço. Na certeza de que a miséria do mundo não é nada diante dos olhos que ainda são sensíveis aos encantos e mistérios da beleza.

Na certeza da comunhão, despeço-me.

Com minha bênção,

PE. FÁBIO DE MELO

Agradecimentos

Carla Carvalho Müller
Denise Sobrinho
Frederic Kachar
Mauro Palermo
Ronald Carvalho
Rubens Naves

Porque a generosidade é um jeito elegante de ser amigo.

Em todo caso cuide logo de se defender, já não digo da dor porém da infelicidade. Isso de sofrer dor pode ser parecido porém está longe de ser infelicidade. Isso da gente reconhecer com franqueza e confiança a realidade e os direitos da realidade, o manuseamento cotidiano da realidade que obriga a gente a se conformar com ela e tratar de consertá-la como melhor pode dá pra gente essa felicidade interior que não tem dor que acabe, essa felicidade talvez um pouco descarada de tão impetuosa, que você já deve de ter percebido nas minhas cartas e que eu tenho. [...] Agora por exemplo me arrebentou na cabeça feito uma luz que isso vem duma aceitação íntima permanente da realidade. E pois que essa realidade é deveras a coisa mais importante com que a gente tem de contar pra viver, vamos trabalhá-la, nos aproveitando de tudo o que ela dá, ela mesma, pra que a gente vença quando ela é ruim. Aceitar a realidade primeiro, depois consertá-la.

Mário de Andrade em carta a Carlos Drummond de Andrade
(São Paulo, 29 de março de 1927)

ESTE LIVRO, COMPOSTO NA FONTE FAIRFIELD
E PAGINADO PELA NEGRITO PRODUÇÃO EDITORIAL, FOI
IMPRESSO EM PÓLEN SOFT 70G NA IMPRENSA DA FÉ.
SÃO PAULO, BRASIL, NO OUTONO DE 2010.